日本のバドミントンは なぜ強くなったのか？

藤井瑞希

光文社新書

プロローグ

本当ならこの本は、２０２０年7月に発売される予定でした。新型コロナウイルスの世界的な感染拡大というまったく予想できなかった原因によって、1年も遅れることになってしまいました。

新型コロナウイルスという単語を初めて聞いた、２０２０年2月頃を思い出してみます。国内外でスポーツの大会の延期や中止が相次ぎました。3月の東京マラソンは一般のランナーが参加できなくなり、サッカーJリーグは2月末に開幕した直後に中断されました。

3月には全国すべての小学校、中学校、高校が休校になりました。学校を訪問してバドミントンを教えたり講演をしたりする私も、新型コロナウイルスの影響を実感することとなります。

4月には緊急事態宣言が発出されました。言葉の響きだけでものすごく重かったというか、これはいよいよ大変なことになっているのだな、と痛感せずにはいられませんでした。

小学校入学前の5歳でバドミントンを始めてから、ずっとこの競技に打ち込んできた私は、地元の熊本県で中学校までを過ごし、青森山田《あおもりやまだ》高校では充実した学校生活を送ることができました。

高校卒業後は社会人チームのＮＥＣ九州に入部。オリンピックに出場する先輩に刺激を受けて、「自分も出たい」と思うようになり、高校の後輩だった垣《かき》岩《いわ》令《れい》佳《か》とのペアで２０１２年のロンドンオリンピックに出場しました。

オリンピアンになることはずっと抱いてきた目標ではなく、「そうなったらいいな」という願望に近いものでした。ましてやメダリストになるなんて、それこそ夢のまた夢と言っていいものでしたが――。

私と令佳のペアは、ロンドンで表彰台に立ったのです！　日本バドミントン界初の快挙でした。

その後は令佳とのペアを解消し、ドイツとイギリスでプレイしました。競技レベルは日本ほど高くなかったけれど、海外で生活することで視野を広げることができたと思っています。新しい気づきもあり、国内復帰への意欲も湧き上がりました。

その間にも、東京オリンピックへの機運が、少しずつ高まっていきます。

オリンピック出場が最大のターゲットとなるバドミントンのような競技では、４年スパンでキャリアをデザインしていきます。オリンピックから逆算してレベルアップを図っていく、と言うこともできます。いずれにしても、テレビなどのメディアで取り上げられるかなり以前から、バドミントンの選手は「オリンピック」を意識しています。他のアマチュアスポーツの多くの選手が、きっと同じ思いではないでしょうか。

２０１６年のリオデジャネイロオリンピックの次は、東京が舞台となることが決まっていました。日本でオリンピックが開催されて、たくさんのみなさんの応援を受けて試合ができる。アスリートでなくとも、胸が躍るシチュエーションでしょう。闘争心とか情熱とか野心とか、気合とか根性とか、とにかくうまくなるために必要なあらゆるものをロンドンで燃やし尽くした自覚はありましたが、私はもう一度挑戦することにしました。２０１６年4月に故郷の熊本を襲った大地震をきっかけに、自分だからできることを探した結果でした。

オリンピックを狙うなら、ダブルスしかありません。ペアを組む相手は、ひとりしか考えられません。

２０１７年2月に、令佳とのペアを再結成したのです。

最大2枠の女子ダブルスの代表権を巡る争いは、世界屈指と言っていいぐらいのレベルになっていました。２０１６年のリオデジャネイロオリンピックで高橋《たかはし》礼華《あやか》さんと松友《まつとも》美佐紀《みさき》さんのタカマツペアが、金メダルを獲得していました。彼女たちを追いかけるペアも、世界ランキングの上位で争っています。

苛酷《かこく》な競争は覚悟していました。思うように結果がついてこないことも、心のなかでは想定をしていました。カッコ悪くてもいいから、やり切ったと思えるまでチャレンジをして——２０１９年２月に、競技者としてのキャリアにピリオドを打ちました。

現役を引退してからは、東京へ拠点を移してテレビで試合の解説をしたり、バドミントンの講習会で教えたり、講演をしたりしています。いただいた仕事はできる限りお受けして、自分なりに精いっぱい働いて、仕事の楽しさも少しずつ分かってきて、さあオリンピックイヤーだ！というところで、新型コロナウイルスの感染拡大によって急ブレーキをかけられてしまいました。

２０２０年４月に緊急事態宣言が発出されてからは、自粛、自粛、自粛の日々です。自宅から出ることは、ほとんどありませんでした。

テレビを観ていても、音楽を聴いていても、友だちとＳＮＳでやり取りをしていても、気持ちはまったく晴れません。熊本にいる家族に会えず、東京に住んでいる姉の顔も見られず、心がいつも渇いています。それなのに、どうすることもできない。仕事ができないから、収入が止まってしまう。出ていく金額と入ってくる金額が、ひどくアンバランスになっていく。不安に押し潰されそうになって、眠れない日もありました。

心の支えになってくれたのは、先輩アスリートのみなさんでした。私と同じように会社勤めではなく、個人で働いているみなさんとは、仕事ができない切なさを共有することができました。「コロナ禍はホントにキツいよね」と言い合えるだけで、固くなっていた心が少しずつ解《ほぐ》れて、温まっていくようでした。自宅が近い先輩からは、「何かあったらいつでも来てね」と言ってもらいました。

不安だったのは、私だけではありません。現役の選手たちも、必死に戦っていました。

東京オリンピック出場を目指す選手たちは、誰もが２０２０年７月にパフォーマンスのピークを持っていく準備をしていたはずです。バドミントンの選手なら代表選考レースを戦って、短い充電期間を経て、オリンピックですべてのエネルギーを爆発させる——。

２０１６年から４年間かけて積み上げてきたものをぶつける舞台が、もっと言えばバドミントンを始めてから目標としてきた舞台が、いきなり目の前から消えてしまったのです。選手たちが受けた精神的なダメージは計り知れません。「１年後に頑張ろう」と、すぐに気持ちを切り替えるのは難しいものです。オリンピックで勝つために、選手たちはたくさんのものを犠牲にしているのですから。

バドミントンは、誰でも気軽に楽しめるスポーツです。みなさんにとって身近なスポーツでありレクリエーションであったら嬉しいのですが、同時に、とても奥の深い競技です。試合は21点先取の３ゲームで、先に２ゲームを取った選手が勝利します。２対０のストレート勝ちでも42ポイントを取らなければいけないわけで、ネットを隔《へだ》ててシャトルを打ち合うシンプルな攻防のなかには、技術、戦術、戦略、体力、心理的駆け引き、といった様々な要素が織り込まれているのです。

この本では私自身の競技人生を通して、日本のバドミントンが世界と伍《ご》して戦っていく過程をご紹介しています。併せて、いままさに世界のトップ・オブ・トップで戦っている日本人選手の強さにも触れたいと思います。

新型コロナウイルスの感染拡大は、まだまだ収まってくれません。２０２１年になって変異型のウイルスという新たな脅威が出現したことで、東京オリンピック・パラリンピックの開催を疑問視する声が国内外から上がっています。

私自身は、何かを言えるような立場にはありません。いまはとにかく感染が少しでも収まることを願うばかりです。そのうえで、もし叶うのならば――。

オリンピックをきっかけに、バドミントンに興味を持つ人が少しでも増えてほしい。自分が楽しむスポーツとしても、観るスポーツとしても、バドミントンはサッカーや野球などのメジャースポーツに負けない魅力があると、私は信じています。

最後にお断りをしておきたいことがあります。

この本を作るにあたって、光文社新書の編集者の方、構成担当のライターの方と内容についての話し合いをしました。そのなかで、「バドミントンにあまり詳しくない方にも役立つように、競技の歴史にも触れたい」というご意見をいただきました。

そこで、過去のオリンピックをはじめとする国内外の大会の結果などにも触れることになりました。直接お会いしたことのない先輩方のお名前と成績などをご紹介してありますが、みなさんの足跡を辿ることで日本のバドミントン界がどのように成長してきたのかを伝えられるのでは、と考えました。どうかご理解をいただけましたら幸いです。

日本のバドミントンはなぜ強くなったのか？

目次

プロローグ　3

第1章　なぜ東京五輪ではメダル量産が期待できるのか？――19

世界のバドミントン大国と言えば……　20
フィジカルもメンタルも強い韓国　22
日本のバドミントンを変えたコーチ　23
東京オリンピックで注目の国　28
気分転換は大事　32
「延期」が選手に及ぼす影響　35
期待度大の桃田賢斗選手　38

私の一押し、奥原希望選手　41
メダルが期待できる4組のダブルスペア　44
ミックスダブルスも見逃せない　50
無観客開催は日本選手に有利か　53

第2章　なぜ過去の日本バドミントンは世界で勝てなかったのか？——57

日本バドミントンの20世紀　58
4歳でバドミントンに出会う　60
初めてのライバルに勝つために　63
「コート上では女優になれ」の意味　67
緊張する自分を受け入れることで強くなる　70
「全中」で優勝はしたものの……　73

出場した大会で出会った豪華な顔ぶれ　75
衝撃的だった青森山田高校　79
「世界」を遠く感じた理由　84
とにかく楽しかった高校の練習　88
2006年、高校最後の年に　92

第3章　なぜ日本の五輪代表選考レースは過酷なのか？——101

社会人になっていきなり陥ったスランプ　102
ダブルスの魅力に目覚める　106
ベストパートナー、令佳　109
スエマエペアが中国ペアを撃破！　114
「あと4年しかない」　116

朴さんからの期待　120
世界トップ8の壁　123
徹底的に練習した代表合宿　125
初めて令佳がホンネで話してくれた日　129
ロンドンオリンピックへの道　135
熾烈だった日本人ペアとのレース　137
ついにランキングが日本人ペア1位に　141
残る出場枠ひとつをめぐって　144

第4章　なぜ右肩上がりに世界で結果を残しているのか？――147

代表決定後に訪れた危機　148
朴さんの言葉に救われた　152

メダルは意識しなかった　155
得失点差でトーナメントに進出。そして……　158
夢舞台のあと　167
人生初の休暇　171
「成功の連鎖」で女子ダブルスは世界レベルへ　175
引退を覚悟しての再結成　179

第5章　なぜバドミントンは「メンタルのスポーツ」なのか？——183

相手の心理を読む　184
いかにして相手に「迷い」を与えられるか　187
駆け引きで試合の主導権を握る　190
勝利のための分析力　194

身体が小さくても勝てるスポーツ　197
大事なのはミスをした次のプレイ　198

エピローグ　203

構成　戸塚啓
目次・章扉デザイン　椚田祥仁
画像提供　ＡＦＬＯ

第 1 章

なぜ東京五輪では
メダル量産が期待できるのか？

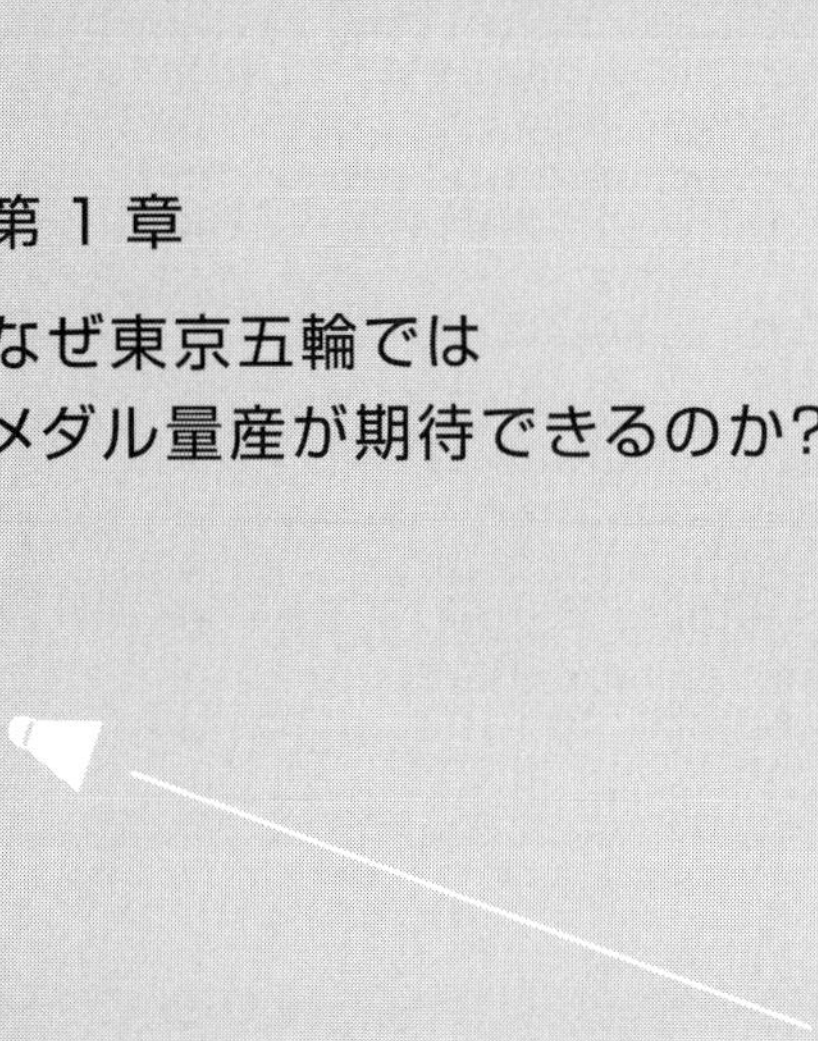

世界のバドミントン大国と言えば……

野球と言えばアメリカが大国で、サッカーならブラジルやドイツが世界を牽引《けんいん》する存在でしょうか。ラグビーでもバレーボールでも、陸上や水泳でも、国際大会でつねに上位に名を連ねる国はあるものです。

それでは、バドミントン大国は？

私がまず思い浮かべるのは中国です。２０１６年のリオデジャネイロオリンピックでは、５種目のうち２つで金メダルを獲得しました。２０１２年のロンドンオリンピックでは金が５つ、銀が２つ、銅が１つだったので、近年は以前ほど飛び抜けた強さを発揮できているとは言えません。それでも、大国としてまず名前があがるのは中国で間違いないでしょう。

プレイの特徴には、スピードとパワーがあげられます。シングルスとダブルスで違いはありますが、スピードで相手を上回り、パワーでねじ伏せるのが中国の基本的なスタイルです。ゲームの運び方としては、ディフェンシブよりオフェンシブのスタイルが多く、長いラリーは好みません。バン、バン、バン、と決めにくる選手が多い。攻撃型と呼ばれるスタイルです。

現役当時、私は中国ペアとの対戦では長期戦に持っていくゲームプランを描いていました。攻撃型に対してラリー型と呼ばれるスタイルです。ところが、４本に１本ぐらいしか持っていけません。相手はスピードとパワーがあるので、長い打ち合いへ持ち込めずに短いラリーで決められてしまうことがありました。

かつては大型選手が多いのが中国チームの特徴でした。長身でなければ中国代表には入れない、という話を聞いたこともあります。このところは１７０センチ台の選手もいて、体格差を感じさせるようなことはなくなりました。その理由までは分かりませんが……。

東京オリンピックへ向けては、驚きの決断を下しました。

韓国人のコーチを迎えたのです。自国以外の指導者が加わるのは初めてのはずで、「あの中国が他国に頼るとは……」と、バドミントン界には衝撃が走りました。

東京オリンピックでの復権を目指す、中国の意気込みが分かるというものです。

フィジカルもメンタルも強い韓国

中国に次ぐ強豪には、韓国をあげます。バドミントンが正式種目になった１９９２年のバルセロナオリンピックでは、中国とインドネシアに次ぐ４つのメダルを獲得して、金メダルでは中国を上回りました。その後も２０１６年のリオデジャネイロオリンピックまで、すべての大会でメダルを持ち帰っています。

韓国の一番の武器はフィジカルです。中国よりも肉体的に鍛えられていて、メンタルも逞《たくま》しい。韓国の選手たちは、精神的に挫《くじ》けない印象があります。根性があるのですね。

分かりやすく説明すると——。

日本と中国が対戦したら、日本がフィジカルと根性で上回ります。ここで言うフィジカルとは、長いラリーになっても足を止めずに動ける、スマッシュを打ち切れる、シャトルを拾える、といったことを指します。技術で上回る中国が勝つこともありますが、ものすごい消耗戦になったら、日本が勝つでしょう。

日本と韓国が競《せ》り合いになると、韓国が勝つ可能性が高い。フィジカルと根性は、あちらが上だからです。韓国と中国でも韓国でしょう。

韓国の選手は、身体のサイズがものすごく大きいわけでも、小さいわけでもない。特徴的なのは厚みです。それに加えて気持ちが強いので、長いラリーでもスマッシュを打ち切れるのです。

ラリーの連続でスマッシュを打ち切るのは、フィジカル的にとても、とてもキツいのです。スマッシュのような強打をする瞬間は、呼吸を止めているのですが、身体が疲れて「ハア、ハア、ハア」と呼吸が荒くなってくると、身体に力が入りません。息をグッと止めることもできなくなるので、足を踏み込んでパーン！と強打を打ち込みたいところでも、打ち上げることしかできない。

そういうところでも頑張れるのが、韓国の選手たちなのです。

日本のバドミントンを変えたコーチ

中国、韓国と来たら、次は日本です。

中国と韓国に対して分かりやすく差別化をするなら、日本は頭脳と戦略でしょうか。中国のスピードとパワーを抑え、韓国にはフィジカル勝負に持っていかせないために、相手の穴を狙っていくのが日本の強みと言えます。

そのうえで、フィジカルのレベルが上がってきました。韓国にもひけをとりません。長距離走は互角で、瞬間的なパワーではやや劣るかな、というぐらいの差です。いきなりダッシュをしたら韓国の選手のほうが速い、というイメージです。

韓国に見劣りしないということは、日本のフィジカルは世界レベルということです。

これについては、２００４年から日本代表のヘッドコーチをしている韓国人の朴柱奉《パクジュボン》さんのおかげです。朴さんは日本バドミントン界の改革者です。

私は青森山田高校卒業後の２００７年に、初めて日本代表に選ばれました。それが朴さんとの出会いだったのですが、何が大変だったかと言うと、もういままで経験したことがないぐらいに練習で追い込まれるのです。シングルスやダブルスの種目ごとのトレーニングが始まる前、つまりラケットを握る前に、1時間ぐらいみっちりフィジカルトレーニングをやって、それから2時間半の打ち込み、とか。午後にもまた、トレーニングがあって。

身体にかかる負担は言葉では表現できないぐらいで、「日本代表に残っていくには、ここまでキツいことをやらなきゃいけないのだ」と思わされました。最近では「合宿恒例の苛酷トレ」などと報道されているようですが、日本代表のトレーニングに慣れるまでに1年以上かかりました。

そんなに時間がかかるのか、と思う方がいるかもしれません。日本代表は国内でトレーニングするだけではなく、海外へ遠征します。その間にも所属チームで試合があります。1年間のスケジュールに身体が慣れるまでに、1年以上かかったということです。「海外へ移動して気候の変化が激しくて、ちょっと疲労も溜まっているから、気をつけないと風邪を引いちゃうかも」とか、「このまま追い込んだら、ケガをしちゃうかも」とかいうことを気にしなくなったのは、2年目以降でした。

日本代表の合宿の回数も、朴さんがヘッドコーチになってから増えました。

実は朴さんが指導をしている以前にも、日本代表に招集されたことがあります。北京オリンピックへ向けた強化指定選手を集めて……といったような趣旨で、中学生から大人までが一緒に集まって合宿したのです。中学生からは3人で、そのうちのひとりが私だったのですが、当時は1年に数回しか強化合宿は行なわれていませんでした。

それが朴さんになってからは、海外遠征前は必ず国内で1週間合宿をして、チームジャパンという気持ちを高めてから「さあ、行こう！」というスケジュールになりました。それ以前はそれぞれが所属チームで練習をして、フライト当日の空港で顔を合わせていましたから、戦う準備というものがまるで変わりました。

遠征前の合宿も加えると、月に一度ぐらいは日本代表が招集されて、朴さんのもとでトレーニングを積むことになります。質の高いトレーニングがそれだけできるわけで、体力はついていきましたし、技術的にもレベルアップしていったと思います。

朴さんは来日したばかりの頃を振り返って、「日本人はすごくポテンシャルが高いのに、日本代表という意識が足りなかった」と話しています。日本代表の一員としての自覚とか誇りとかに選手が目覚めるためにも、強化合宿の回数を増やす必要があったのでしょう。

バドミントンは企業スポーツですから、チーム側は自分たちの手元に選手を置いて、自分たちで指導をすることを当然のこととしてきました。それだけに、朴さんのやり方は波紋を呼んだそうです。衝突もあったけれど、朴さんは押し通したそうです。

強化方針もはっきりと変わりました。

バドミントンではテニスと同じように、世界を転戦する『ワールドツアー』が行われています。現在はワールドツアーファイナルズ、ワールドツアースーパー1000、同750、同500、同300、同100の6つのレベルの大会があり、ツアーファイナルがもっとも獲得ポイントが高く、ツアースーパー１００がもっとも低く設定されています。『ワールドツアー』よりグレードの高い大会としてオリンピックや世界選手権があり、グレードが低い大会もあります。オリンピック出場を狙う選手は、１年間に一定数以上の大会に出場し、ポイントを稼いでいきます。プロテニスやアメリカのゴルフツアーを連想してもらえば、分かりやすいかもしれません。

獲得できるポイントが高い大会には、当然ながら強豪選手が集まってきます。どれぐらいのグレードの大会に出て、どれぐらいの成績を狙うのかで、その選手の実力が見えてきます。

朴さんがやってくる以前の日本は、グレードの高い大会を避ける傾向にありました。強敵が出場しないワールドツアースーパー３００などでポイントを稼ぐことを狙っていたのですが、朴さんは「トップと対戦しないと自分の実力が分からない。負けてもいいから強い相手がいる大会に出るべきだ」と主張しました。日本代表にはA代表とB代表があるのですが、A代表はグレードの高い大会に出ることが、強化方針として固まりました。

私自身の経験から言うと、自分と同じくらいかレベルの高い相手との対戦は、絶対に必要だと思います。オリンピックでいきなり対戦して勝てるほど、世界のトップレベルは甘くありません。ハイレベルな攻防を制して自信をつける。負けて自分に足りないものを知る。選手にはどちらも必要で、そういう経験が自分を鍛えてくれます。

さらにつけ加えておくと、朴さんは中長期的な視点での強化にも着手しました。

私が学生だった当時は、中学生や高校生が国際大会に出場することはほぼありませんでした。高校生になってようやく、韓国との交流戦があるぐらいでした。中高生年代から世界を意識することはなく、そもそもその必要性に気づく機会がありませんでした。

そこで朴さんは、U－13、U－16、U－19のジュニア日本代表を作って、小学生から国際大会に参加させるようにしました。リオデジャネイロオリンピックに19歳で出場した山口《やまぐち》茜《あかね》選手は、中学生当時からアジアや世界の大会に出場しています。桃《もも》田《た》賢斗《けんと》選手も、U－13年代のナショナルチームに選ばれていました。彼らにとって世界での戦いは特別なものでなく、外国人選手に気後れすることもないので、国際試合でも普段どおりのプレイができるのでしょう。

東京オリンピックで注目の国

日本、中国、韓国に続くのはどこか。リオデジャネイロオリンピックでメダルを獲った国

山口茜（1997 年生まれ）

桃田賢斗（1994 年生まれ）

をあげると、インドネシア、スペイン、マレーシア、デンマーク、インド、イギリスの6か国になりますが、私自身は女子なら中国と韓国が、男子ならデンマークとインドネシアが手強いなと感じます。

デンマークはヨーロッパ有数の強国で、とにかくサイズがあります。リオデジャネイロオリンピックで高橋礼華選手と松友美佐紀選手のタカマツペアと金メダルを争ったペアは、１７８センチと１８３センチのペアでした。

２０２１年4月末から5月初旬に開催されたヨーロッパ選手権で3位になったマイケン・フォウガードとサラ・トゥーグセンのペアは、１６９センチと１７２センチです。そこまで大型ではありませんが、デンマークの選手はパワーが違います。

もうひとつ触れておきたいのはフォームです。これはデンマークだけでなくヨーロッパの選手に共通するものですが、私たちの感覚からすると、ものすごく独特な打ち方をするのです。日本ならすぐにでも矯正されるようなフォームなのに、勢いのある強い球が返ってくる。

「そこから、それを打てるの?」という感じなので、予測が立てられない。

それでいて、動きもセオリーからかけ離れているのです。自分たちのペースに持っていく前にリズムをかき乱されてしまう、ということが起こり得る。デンマークのペアといきなり対戦したら、おそらく誰もがやりづらさを感じるでしょう。日本国内では出会うことのないタイプですので。

対照的にインドネシアは、スキルの高さに特徴があります。身体は小さいけれど腕の長い選手が多く、シャトルのタッチが独特です。普通ならあと半歩とか一歩動かないと届かないはずなのに、パッと取られてすぐに打ち返してくるような印象があります。それがまた、すごく速い。私自身はやりにくさを感じていました。

バドミントンのコートは、縦が13メートル強で横が約６メートルです。このエリアをカバーするのに、リーチは長いほうがいいでしょう。腕の長さが５センチ違うだけでも、相手の印象は変わってくると思います。攻める側からすると、「厳しいところへ打たないと返されてしまう」という心理が働くので、ギリギリを狙った結果としてミスが起こったりする。強い、速い、長いといった身体的な特徴は、自分のプレイの幅を広げるだけでなく、相手にプレッシャーをかけることにもつながるわけです。

オリンピックでメダル争いに加わってくる国には、インドもあげておくべきでしょう。

２０１２年の女子シングルスで、サイナ・ネワールという選手がインドに史上初のメダルをもたらしました。ネワール選手は銅メダルでしたが、２０１６年にシンドゥ・プサルラという選手が銀メダルを勝ち取りました。準決勝で奥原《おくはら》希望《のぞみ》選手を下した長身の選手です。彼女は身長が高いだけでなく、身体が強くて足も速い。持久力のレベルも悪くない。フィジカル面で総合的に優れています。東京オリンピックでも、メダル候補にあげられるでしょう。

男子ダブルスのサトウィックサイラジ・ランキレディ選手とチラーグ・シェッティ選手は、東京オリンピックの代表権を争うレースでランキング10に躍り出てきた注目のペアです。ズバ抜けた身体能力を生かして、そこからは無理だろうというところからジャンピングスマッシュを打ってきたりする。男子ダブルスの選手たちは、「人間じゃないみたいだ」と驚いています。東京オリンピックでブレイクするかもしれません。

気分転換は大事

今回は２０１６年から５年後になりましたが、基本的に４年に１度しか開催されないオリンピックは、多くのアスリートにとって２度も３度も出られる前提で臨む大会ではないでしょう。言ってみれば一発勝負であり、それなのに満点の解答を出さなければならない。通常の大会よりもプレッシャーが大きいうえに、今回は地元の大声援を浴びる。

過去にオリンピックを経験したことのある選手にとっても、東京オリンピックは別世界ではないでしょうか。プレッシャーや重圧を真正面から受け止めるのか。うまく逃がす術を探すのか。対処法は人それぞれでしょうが、コートに立つまでの時間をどのように過ごすのかが、とても、とても重要になってくると考えられます。

具体的には気分転換の方法でしょう。

２０２０年当時の準備では、バドミントンの日本代表は選手村に入らずにホテルに滞在するのでは、と言われていました。選手村には独特の雰囲気があり、関係者以外は立ち入り禁止です。選手村内では家族とも自由に会えません。大会関係者に発行されるアクレディテーションカード（ＡＤカード）を持っていないと、コーチにも会えません。

そういった不自由を取り除くために、いつもの国際大会と同じ環境を作ろうとしたようですが、コロナ禍でのオリンピックとなりました。選手たちはバブル方式と呼ばれる移動制限のもとで過ごします。東京とその近郊で行われる競技に出場するチームや選手は、おそらく選手村に入ることになるでしょう。選手村と練習場か試合会場を、バスで往復するだけの日々になると思われます。

バドミントンの試合は、力の差があれば30分ほどで終わります。長い試合でも１時間前後で、１時間半もかかると大熱戦です。ウォーミングアップとクールダウン、試合後のメディア対応などを加えても、１試合にかかる時間は３時間から４時間ほどです。

午前中に試合が終われば、午後は基本的にオフになります。ですから、国際大会では試合以外の時間の過ごし方がポイントになります。いかに気分転換をするか。それによってフレッシュなメンタリティを保てるか、ということです。

ダブルスのチームで世界を転戦していた当時は、令佳が部屋で動画を観るのが好きだったので、私は出かけることが多かったです。散歩をしたり、カフェでコーヒーを飲んだり、ショッピングをしたりしました。

今回はバブル方式ですから、日本人だからといって自由に外出したり、家族や友人に会ったりはできません。

選手村のなかも、どこまで自由に動けるか。密閉、密集、密接を避けるために、公共のスペースを自由に利用できないかもしれない。そうかといって、ずっと部屋で過ごしていたら息が詰まってしまうでしょう。適度に出歩いたほうが、身体にもいい。試合以外の時間でうまく息抜きをすることが、勝ち上がっていくポイントになりそうです。

バブル方式のもとでも、開催国のメリットはあるかもしれません。タイで行われた国際大会の実例です。この大会もバブル方式で開催され、選手たちはホテル内で決められた食事を摂っていたそうです。けれど、タイの一部の選手は決められたものに加えて、宅配を使って好きなものを注文していたという話がありました。

今回のオリンピックでは、選手たちの行動が厳格に規制されます。選手村からデリバリーを注文したり、家族とか知人にちょっとした届けものを頼んだりすることは、難しいかもしれません。それでも、海外からやってくる選手に比べれば、フットワークのあるサポートを得られやすいはずです。

「延期」が選手に及ぼす影響

東京オリンピックを語るには、「延期」というキーワードが欠かせません。

２０２０年ではなく２０２１年に開催されることで、どの選手も１年間の準備期間を得ることができました。条件は同じのように見えますが、心身のピークが２０２０年だったという選手はいるはずです。

バドミントンについても、新型コロナウイルスの影響で日常生活にも制限がかかっているなかでは、練習環境の地域格差というものが生まれています。緊急事態宣言が出ているので練習を自粛するチームがある一方で、感染が拡大していないのでそれまでと同じように練習できるチームがあったのです。所属チームが専用の体育館を持っているかどうかなどでも、練習環境が変わってきます。

そういったことも含めて、延期がプラスに転じた選手と、マイナスに働いてしまう選手に分かれると考えられます。

ライバル国の動向に触れておくと、中国は昨年から国際大会に選手を派遣していません。

2021年3月の全英オープンで、日本は女子シングルス、男女のダブルス、混合ダブルスの4種目で優勝し、3つのダブルスは日本人ペア同士で決勝が争われました。しかし、中国も韓国も選手を派遣していなかったのです。日本代表の充実ぶりは素晴らしいと思いますが、差し引いて考えなければならないところはあるでしょう。

全英オープン後はワールドツアーが軒並み中止または延期となり、東京オリンピックの代表選考レースの対象となる大会が一度も開催されませんでした。それだけに、中国は不気味です。どの種目にも世界ランキング上位の選手がいますが、果たしてどれぐらいレベルアップしているのか。日本の選手たちを上回る成長を見せているのかが測れず、メダル争いは読み切れないところがあります。

日本人選手の可能性については、予定どおり１年前に行われていたほうが多くのメダルを獲れていたというのが私の考えです。２０２０年７月のタイミングに、しっかりとピークが合っていた選手が多かったからです。

２０１２年のロンドンオリンピックは私たちフジカキペアが銀メダルを獲り、２０１６年のリオデジャネイロオリンピックではタカマツペアが金メダル、奥原選手が銅メダルをつかみましたが、東京オリンピックが２０２０年に開催されていたら、過去最高のメダルを獲っていたと思います。今年に入ってちょっと身体のキレが良くないのかな、という選手もいますので。その点については、活動拠点によって練習環境が違う影響があるのかもしれません。

そうは言っても、全５種目ともにメダル圏内にいるのは間違いありません。１年間で技術のレベルがガクッと落ちることはないですし、体力的にも問題はないでしょう。

オリンピックは本当に開催されるのだろうか、中止になったらどうしよう、といった不安を抱えながらとなると、モチベーションを上げるのは難しいかもしれません。やらないかもしれない大会に向かって準備をした経験がないので、いままさにオリンピックへ向かっている選手たちの心の中身が、私には想像もできないのですが……。とにかく開催されると信じて、気持ちを高めていくべきなのでしょう。

代表選考レースが、通常どおりに消化されなかったのは気の毒でした。各国の代表選手が決まる６月15日付の世界ランキング発表までに、ポイントの加算が期待できる大会が少なくとも３つ開催される予定でした。そのすべてが延期または中止となったことで、出場圏外の選手は巻き返しの機会を奪われてしまったのです。

期待度大の桃田賢斗選手

２０２０年早々に新型コロナウイルスが世界的に蔓延《まんえん》していくと、国内外の大会が軒並み中止になりました。国内合宿もほとんど実施されず、オリンピックを目指す選手たちの実戦は12月の全日本総合選手権だけでした。

２０２１年は３月の全英オープンに選手が派遣されました。男子シングルスの桃田選手は、１、２回戦をストレートで勝ちながら、準々決勝ではマレーシアの選手にストレート負けしてしまいました。

ここから先は、私個人の視点です。

コロナ禍以前の桃田選手は、大会に出て結果を残すサイクルで、着実に自信をつけているように映っていました。中断期間中もトレーニングはしていたので、身体は強くなっている印象はありましたが、試合を消化することで自信を膨らませていくタイプと見受けられるだけに、久しぶりの実戦となった全英オープンでは力を出し切れなかったのかもしれません。

真剣勝負から遠ざかっていたことで、試合勘が鈍っていたのでは、との報道もありました。

体力的な部分では、さほど影響はなかったと見ています。ただ、試合勘のあるなしが浮き彫りになるのは、競り合った場面です。試合の流れの変化を瞬時に読み取って、相手と駆け引きをしながら、どんなショットで、どんな球筋にするのか、といったことを決断するのが試合勘です。そう考えると、全英オープンの桃田選手はやや鈍かったかもしれません。

彼は２０１６年のリオデジャネイロオリンピックに出場停止処分で出場できず、処分が明けた２０１７年からは国際舞台で実績を残してきました。２０１８年、２０１９年と世界選手権を連覇して、２０１９年は主要国際大会で過去最多の11勝をあげました。世界バドミントン連盟が選ぶ年間最優秀選手にも選出されました。

２０１７年以降はずっと好調を維持してきたなかで、２０２０年早々にマレーシアで交通事故に遭い、ケガが癒えたあとはコロナ禍で大会の大半が中止されてしまった。２０２１年早々には新型コロナウイルスに感染してしまった。好調時のリズムからはかけ離れてしまっているのが、個人的には不安材料に映ります。

そうは言っても、久しぶりの公式戦となった全英オープンを経て、自分のなかで「これが足りない、あれが足りない」というものが見えたことでしょう。公式戦だからこそ見つけられる課題はあり、そもそも技術的なレベルはしっかりしています。

桃田選手はU－13から日本代表に選ばれて、朴さんのもとで基礎をみっちり指導され、勝つためのメンタリティも植え付けられてきました。

かつてはディフェンス重視のゲームプランで戦っていました。守って、守って、粘って、粘って、という感じだったのですが、ディフェンスは基本的にリアクションなので、相手に動かされるために疲労を感じやすい。そういうところもあって、ラリーを切るために自分からも攻撃をするようになっていきました。いまでは相手の攻撃をしのいで、ここぞというところで仕留めることができています。攻められたときの球の扱いは、さすが世界ランキング1位といううまさがあり、相手からすると攻めているというよりも体力を搾り取られているような印象かもしれません。

バドミントンに限らず東京オリンピックに出場する日本人選手のなかでも、彼にかかる期待は大きいでしょう。金メダルを当然のように期待される存在ですが、だからこそ自分を信じて、自信を持ってコートに立ってほしいですね。桃田選手の場合は対戦相手ではなく、自分との戦いになると思います。

私の一押し、奥原希望選手

女子シングルスの奥原選手は、世界ランキング３位で２大会連続のオリンピック出場を決めることになりそうです。

彼女はコロナ禍の自粛期間で、ものすごくレベルアップしました。ベースの部分の底上げをしっかりやったのだな、ということが分かります。

２０２０年10月のデンマークオープンに出場して、決勝でリオデジャネイロオリンピック金メダルのカロリーナ・マリン選手にストレート勝ちしました。奥原選手はもともとディフェンスに定評があったのですが、そのレベルをもう一段上げた印象です。相手のスペイン人選手はスピードがあるタイプなのですが、奥原選手はスピードが上がり、身体がブレなくなり、無駄な動きが格段に減りました。フットワークの質が、明らかに向上しました。デンマークオープンの試合には、率直に言って驚かされました。今回のナショナルチームのなかで、私がもっとも期待しているのが奥原選手です。

世界ランキング５位の山口選手も、２大会連続のオリンピック出場を決めるでしょう。

彼女は３月の全英オープンに出場して、準々決勝でインドのシンドゥ・プサルラ選手に１対２で敗れました。課題とされていた体力面について、本人は「しっかり練習が積めています」と話しています。

彼女は攻撃型のスタイルで、自分から攻めてラリーを切っていきます。かつては自分で決めにいってミスをすることが目についたのですが、ここ最近はラリーのなかで相手を崩してから攻撃に持っていく、ということができるようになっています。決めることを急がずに、より確実性の高い攻撃を繰り出しています。

奥原選手も山口選手も、メダル圏内にいるのは間違いありません。ポイントは組み合わせです。オリンピックのバドミントンはグループステージとノックアウトステージで争われますが、世界ランキング上位選手はあらかじめシードされます。そのなかでもランキング上位のシード選手は、グループステージで同じグループに入ることがなく、ノックアウトステー

奥原希望（1995年生まれ）

ジですぐに当たることもないように分散されます。

シングルスのトップランカーは陳雨菲《チエンユーフェイ》選手、台湾の戴資穎《タイツーイン》選手、奥原選手、スペインのカロリーナ・マリン選手で、この4人は準決勝まで当たらない組み合わせになりそうです。けれど、5月下旬にマリン選手が負傷をして、東京オリンピックに出場できなくなりました。そうなると、ランキング5位の山口選手がシードになるかもしれません。

振り返ればリオデジャネイロオリンピックの山口選手は、準々決勝で奥原選手との日本人対決となり、1対2で敗れたのでした。ノックアウトステージのトーナメント表が違えば、山口選手がベスト4に残る可能性はありました。

ふたりともメダル圏内にいるだけに、準決勝までは当たってほしくない。どちらにとってもいい組み合わせになることを願うばかりです。

メダルが期待できる4組のダブルスペア

男子ダブルスは2021年3月の全英オープンで、日本人ペアが決勝でぶつかりました。遠藤大由《えんどうひろゆき》選手と渡辺勇大《わたなべゆうた》選手のエンワタペアが、園田啓悟《そのだけいご》選手と嘉村健士《かむらたけし》選手のソノカムペアに競り勝ちました。世界ランキングは遠藤・渡辺ペアが４位、ソノカムペアが５位です。

１年前はほぼ互角か、ソノカムペアがややリード、という力関係でした。それがいまはエンワタペアのほうが、安定感を高めてきた印象です。

遠藤選手はリオデジャネイロオリンピックの男子ダブルスに出場していて、準々決勝まで勝ち残りました。34歳のベテランで国際経験も豊富です。パートナーの渡辺選手は23歳の伸び盛りで、全英オープンではミックスダブルスでも優勝しました。

このふたりは２０１６年からペアを組んでいますが、オリンピックが延期になった時間をうまく生かして、自分たちにとってのベストなものを見つけたのだと感じます。お互いがやるべきことをしっかりやっているというか、勝利に持っていけるパターンが固まってきたと言えます。

エンワタペアも、ソノカムペアも、メダルの可能性はあります。ソノカムペアもふたりのコンビネーションやスピード感は、世界のトップクラスにありますので。

女子ダブルスは世界ランキング１位の福島由紀《ふくしまゆき》選手と廣田彩花《ひろたさやか》選手のフクヒロペア、同３位の永原和可那《ながはらわかな》選手と松本麻佑《まつもとまゆ》選手のナガマツペアが、揃って表彰台に上がる可能性があります。

左：渡辺勇大（1997 年生まれ） 右：遠藤大由（1986 年生まれ）

左：園田啓悟（1990 年生まれ） 右：嘉村健士（1990 年生まれ）

２０２０年8月に、タカマツペアの高橋礼華選手が現役引退を表明しました。リオデジャネイロオリンピックで金メダルを獲得した彼女たちがペアを解消したことで、フクヒロペアは「自分たちが女子ダブルスを引っ張っていかなければ」という自覚を強くしたと思います。

フクヒロペアは1年間の延期を生かして、新しいコンビネーションを構築しました。福島選手が後衛で廣田選手が前衛というのが基本フォーメーションだったのですが、どちらも前衛と後衛をできるようになっています。それによって、課題と見られていたディフェンスが改善されてきました。

ナガマツペアは攻撃が7割、守備が3割といったようなスタイルでした。自分たちが攻めていれば勝てるけれど、守勢に立たされると勝てない、という傾向にあったのですが、1年間の延期期間中にレシーブ力の強化に取り組んだそうです。男子チームの球を受けたりして、守備力を高めました。長いラリーになっても守備で崩れずに決め切る、という試合運びができるようになっています。

女子ダブルスは2大会連続でメダルを獲っていますから、今回も獲ってほしい。できれば2組のペアが表彰台に立ってほしい……のですが、女子ダブルスは中国も韓国も強敵です。コロナ禍で試合をチェックできていないけれど、おそらくパワーアップしているでしょう。

左：福島由紀（1993 年生まれ） 右：廣田彩花（1994 年生まれ）

左：松本麻佑（1995 年生まれ） 右：永原和可那（1996 年生まれ）

相性もあります。フクヒロペアは韓国勢に強くて、ナガマツペアは苦手にしているのです。個人的には守備力がアップしたナガマツペアが、韓国勢相手にどんな試合ができるのかオリンピック前に確認しておきたかった。他でもないナガマツペアも、一度対戦しておきたいと考えていたに違いありません。

２０１２年のロンドンオリンピックに臨む私たちには、事前に入念な対策を練っていた相手がいました。

デンマークのクリスティナ・ペデルセン選手とカミラ・リターユール選手のペアです。彼女たちには一度も勝ったことがなかったので、オリンピック前の国際大会をスカウティングの機会にしました。色々な狙いを持って相手の反応を見て、「この作戦だとラリーになったね」とか、「これは全然通用しなかったね」と確認をしていったのです。相手の強みと弱みを整理できたので、オリンピックの準々決勝で対戦した際には作戦が見事にハマりました。

ナガマツペアも、韓国勢相手にレシーブをバンバン決めたら、自信を得ることができます。試合に勝つことはできなくても通用する部分を確認できれば、少なくとも不安を感じずにオリンピックで対戦できる。うまくいかなくても、「この前の試合ではできたのだから大丈夫。ちょっと緊張しているだけだ」と、自分たちを落ち着かせることができるでしょう。

苦手とする韓国勢との対戦から遠ざかっていることだけが、ナガマツペアにとっての懸念材料と言えるかもしれません。

ミックスダブルスも見逃せない

男女のシングルスとダブルスに比べると、ミックスダブルスは注目度が高くないかもしれません。ところが、です。ここにもメダル候補がいます。世界ランキング5位の渡辺勇大選手と東《ひがし》野《の》有紗《ありさ》選手のペアです。渡辺選手は男子ダブルスと2種目に出場します。

かつての日本は、ミックスダブルスに力を入れていませんでした。私が現役だった当時は、男女のダブルスの選手がミックスのペアを組む、ということもありました。強化に本腰を入れるようになったのは、潮田《しおた》玲子《れいこ》さんと池田《いけだ》信太郎《しんたろう》さんのイケシオペアが、ロンドンオリンピックに出場したあたりからでしょうか。

渡辺選手と東野選手は高校生からペアを組んでいて、当時から結果を残していました。18年の全英オープンで初優勝を飾ったときは、「日本が全英のミックスで優勝するなんて」と、バドミントン界は沸き立ったものです。

左：東野有紗（1996 年生まれ）　右：渡辺勇大（1997 年生まれ）

バドミントンには男女混合国別対抗戦の『スディルマンカップ』がありますが、男女のシングルスとダブルスの４種目で３本取らなきゃいけない、というのが選手たちの共通認識でした。しかし、渡辺・東野ペアが登場してからは、ミックスでも１本取れるようになったので、日本は優勝を争うまでになっています。

ミックスダブルスは男子のダブルスとも、女子のダブルスとも違う種目です。男子と女子が一緒にプレイするがゆえに、同性同士のダブルスとは違う動きが求められます。

分かりやすい例をあげると、女子ダブルスではペアの責任範囲は半分ずつです。コートの半分ずつをカバーする。それがミックスダブルスになると、女子は１点張りでそれ以外の３点は男子がカバーします。男子は男子ダブルスの後衛に似た動きをすればいいのですが、女子はイレギュラーに動かなければいけない。

個人的には女子のほうが難しいと思うのですが、東野選手は天性の感覚の持ち主です。前へ出るスピードとか飛び出す感覚が、ミックスダブルスにものすごく向いている。ミックスダブルスの練習をして身につけたというよりも、最初からミックスダブルスにふさわしい動きができていたそうです。

ふたりの潜在能力をもっと引き出そうということで、２０１９年からマレーシア人のコーチが日本代表のスタッフに加わっています。アトランタオリンピックの男子ダブルスでベスト4入りしたマレーシアのタン・キムハーさんで、ミックスダブルス専門のコーチという位置づけで指導をしています。

渡辺選手は男子ダブルスにも出場します。試合日が重なることがあり、どんなに簡単に勝っても1日2試合は肉体的にキツい。勝ち上がるたびに消耗もしていきます。

渡辺選手は2種目掛け持ちに慣れているので、コンディショニングとかピーキングはうまくできるのでしょう。だとすると、東野選手がどれだけカバーできるか。彼女が渡辺選手の負担を軽減できるかどうかに、このペアの命運がかかっていると思います。

無観客開催は日本選手に有利か

ロンドンオリンピックで銀メダルを獲った私たちは、ほとんどマークされていませんでした。注目されていたのは水泳、陸上、体操、柔道、それに前年の女子ワールドカップで世界一になっていたなでしこジャパンなどで、バドミントンは大会前から大きな期待を集める競技ではなかったと思います。

世界のバドミントン界でも、メダル候補にあげられていたわけではありません。私と令佳のペアは、「これに勝てばメダル確定」という準決勝まで、プレッシャーを感じることはありませんでした。

東京オリンピックに出場するバドミントンの選手たちは、メダル候補として報道されています。報道されているだけでなく、対戦相手も「この選手（ペア）は強い」と思って挑んでくる。プレイスタイルを分析されて、綿密《めんみつ》に対策を立てられていると考えたほうがいい。たくさんのライバルから追われる立場であり、周囲から注目される立場です。ロンドンオリンピックの私たちとは違って、プレッシャーは計り知れません。メダル候補と見られていた選手やチームが結果を残せない場合は、そのほとんどが周囲からの期待がプレッシャーとなり、精神的なバランスを乱してしまったからだと思います。

男子シングルスの桃田選手は、世界ランキング１位の立場で東京オリンピックに挑みます。試合前日には「いよいよ明日は、桃田の登場です！」と報道されて、当日朝には「さあ、桃田が出陣です！」といった感じで報道されるのだろうな、と想像します。テレビカメラに追いかけられることに慣れていても、居心地が良いはずはありません。試合当日の自分なりのリズムが、崩れてしまうかもしれない。

国際大会で何度も優勝している桃田選手ですが、オリンピックは初めてです。経験したことのない雰囲気のなかで、いつもどおりのメンタルを保つことができなくても不思議ではありません。

私が東京オリンピックに出場することになったら、テレビからSNSまであらゆる情報をシャットダウンするでしょう。それぐらいしないと、自分への期待が目に入ってしまう。「頑張って」という言葉を1ミリもプレッシャーと受け止めず、自分への応援として理解するのは、並外れたメンタルの持ち主にしかできません。「頑張って」とか「期待しています」と言われたら、選手なら誰だって「応えなきゃ」と思うもので、その気持ちがプレッシャーを呼び、動きが固くなってしまうことにつながりがちです。

私が見ている限りでは、いまの日本代表には「期待に応えなきゃ」という責任感とか使命感を覚える選手が多い。その影響でプレイが固くなってしまうことを見てきたので、ちょっと心配になってしまうのです。

桃田選手のように大きな期待を背負う選手がいる一方で、大会前はスポットライトを浴びない選手もいます。そういう選手は、「注目されていないから、ここで一発やってやるぞ」というハングリー精神を胸に宿すでしょう。「やってやるぞ」との野心を抱けているぐらいだから、重圧は感じていない。メダルを獲りにいくというシチュエーションを楽しめている。そういう意味では、実力はあるけれどメディアでの露出が多くない選手も、実は期待ができると言えます。

東京オリンピックは、観客数の上限を定めての開催や、無観客での開催も取り沙汰されています。どちらにしても、スタジアムや体育館が満員の観衆で埋まり、日本人選手に大声援が送られる、ということにはならないでしょう。

オリンピックの雰囲気としては、物足りないものがあるでしょう。しかし、選手たちがプレッシャーを感じる要因が、ひとつ減るということにもなります。オリンピックを戦っているという実感には乏しいかもしれないけれど、だからこそ平常心で戦えるかもしれません。

いずれにしても、観客の有無は日本人選手のパフォーマンスに影響を与えるファクターになり得るでしょう。

第２章

なぜ過去の日本バドミントンは世界で勝てなかったのか?

日本バドミントンの20世紀

オリンピックのバドミントン競技は、１９９２年のバルセロナオリンピックから正式種目になりました。当時は男女のシングルスとダブルスの４種目が行われ、４年後のアトランタオリンピックからミックスダブルスが加わり、現在と同じ5種目となりました。

バルセロナオリンピック以前にも、１９７２年のミュンヘンオリンピックで公開競技として開催されています。実はここで、日本人選手が金メダルを獲得しているのです。女子シングルスの中山《なかやま》紀子《のりこ》さんです。

私と垣岩令佳は２０１２年のロンドンオリンピックで銀メダルに輝き、五輪正式種目となったバドミントンでは日本初のメダリストとなりました。その40年も前に金メダルを獲った先輩がいると聞かされたときは、素直に驚きました。

中山さんは１９６０年代から７０年代前半にかけて、アジア大会、女子国別対抗戦のユーバーカップ、それに全英オープンで優勝を勝ち取った日本バドミントン界の先駆者のおひとりです。１８９９年に第１回大会が開催された全英オープンは、２０２０年に１１０回目を迎えた歴史と権威のあるトーナメントです。世界選手権がスタートする１９７７年以前は、この大会が世界選手権の意味合いを持っていました。

同時期には湯木《ゆき》博恵《ひろえ》さん、天野《あまの》博江《ひろえ》さん、竹中《たけなか》悦子《えつこ》さん、相沢《あいざわ》マチ子さんといった方々も、世界の舞台で優勝しています。個人でも団体でも、日本女子は世界をリードする存在でした。日本バドミントン界にとって、最初の黄金期と言っていい時代でしょう。

１９８８年のソウルオリンピックでも、バドミントンは公開競技として開催されました。ここでも日本人選手が、メダルを獲得しています。女子シングルスの北田《きただ》スミ子さん、男子ダブルスの松野《まつの》修二《しゅうじ》さんと松浦《まつうら》進二《しんじ》さんのペアです。

それでは、初の正式種目となった１９９２年のバルセロナオリンピックの成績はどうでしょう。

金メダルはインドネシアと韓国が２つずつを分け合い、中国、デンマーク、マレーシアといった国の選手もメダルを獲得しています。21世紀の現在も世界のバドミントン界をリードする国々が、当時から上位を占めていました。

日本の成績を調べてみると、男子ダブルスで松野さんと松浦さんのペアが5位入賞したのが最高成績です。その他の種目では、上位へ進出することはできなかったようです。

中国、韓国、インドネシアといった国々では、バドミントンは国技のひとつと言っていい位置づけにあります。そのうえで、韓国は1986年にアジア大会を、1988年にオリンピックをソウルで開催しました。中国は1990年に北京アジア競技大会を開きました。国際大会のホストとなった国は、メダル獲得が期待できる競技を強化します。韓国や中国にとって、バドミントンはそのひとつだったのでしょう。

オリンピックの正式種目となった1992年のバルセロナオリンピックにも、相当なエネルギーを注ぎ込んだに違いありません。国をあげてのバドミントン界の熱量が、結果に表われたのではないかなと想像します。

4歳でバドミントンに出会う

1988年8月生まれの私が、初めてバドミントンという競技を認識したのは4歳でした。まさにバルセロナオリンピックが開催された年です。

オリンピックでプレイする日本選手を観てラケットを握り始めた、と言いたいところですが、さすがにそれは出来過ぎなストーリーです。町の小さなバドミントンクラブにふたりの姉が通っていて、送り迎えをする母親と一緒に体育館へ行くようになったのが、バドミントンとの出会いでした。

私が生まれ育った熊本県は、バドミントンがとても盛んな地域です。バルセロナオリンピックに出場した陣内《じんない》貴《き》美《み》子《こ》さんも、県内の八代市《やつしろし》の出身です。

小さな幸運にも恵まれていました。私たち家族が住んでいた芦北町《あしきたまち》のバドミントン関係者が、熊本県バドミントン協会の役員を務めていたのです。近所のすぐそこのお兄さんも、あそこのお姉さんも、バドミントンをやっている、という環境で育ちました。熊本は「バドミントン王国」と呼ばれる土地柄だったのです。

ふたりの姉がバドミントンをやっているのを見て、４歳の私はすぐに「やりたい！」と手をあげました。けれど、クラブチームに入れるのは小学校４年生からです。

コーチのみなさんは、ひどく困ったに違いありません。４歳の女の子が小学生や中学生に混じって練習するのは、安全を管理するみなさんからするとハラハラドキドキでしょうから……。「５歳になってからね」とひとまず断られましたが、私はその言葉を胸のなかでずっと温めていきます。５歳の誕生日を迎えたその日から、クラブチームの一員としてバドミントンを始めました。

運動神経が良かったのかと聞かれたら、悪くはなかったという答えになります。足は速くなかったし、身長も高くなかったけれど、バランス感覚には自信あり！でした。自転車は3歳から補助輪なしで乗っていました。

それから、根性がありました。3歳で自転車の補助輪を外せたのも、自宅の庭で一日中練習をしたらしいからです。

らしいからと言うのは、3歳だった私自身の記憶ではないからです。「近所のお姉さんは補助輪なしで乗っててカッコいい。私もそうしたい！」と姉に訴え、雨が降っているなかで自転車を支えさせたとか。「あなたが補助輪なしで乗れるようになったのは私のおかげよ」と、姉に冗談めかして聞かされました（笑）。

バドミントンの大会に初めて出たのは、小学校1年生でした。3年生の部で優勝しました。小規模の大会ですし、私自身は遊びの延長でやっている感覚なので、自分は強いなんて自覚はありません。

熊本県には学童オリンピックというスポーツイベントがあります。地元紙の『熊本日日新《くまもとにちにちしん》聞《ぶん》』が主催していて、優勝すると写真付きで紙面に掲載されます。

小学校3年生のときに4年生の部に出場した私は、ベスト8で負けてしまいました。「4

年生に混じってベスト8まで勝ち残ったのだから、よく頑張ったじゃない」と家族からは褒められました。けれど、ベスト4以上が権利を得る九州大会の出場権をつかめず、優勝して新聞に載ることもできなかったことで、全身に悔しさという電流が走りました。「もっとやらなきゃいけない」という意欲が、心に芽生えたのです。

初めてのライバルに勝つために

小学校3年からは、自宅から遠いクラブへ通うようになりました。

私にはライバルがいました。初めて対戦したのは小学校2年生だったと思います。全国大会に出場するほどの同級生が、隣町にいたのです。

彼女と同じコートに立つと、試合後に唇を噛み締めるのは決まって私でした。バドミントンを始めてから、負けることより勝つことのほうが圧倒的に多かったのに、彼女には負けてばかりで。彼女に出会ったことで、それまで純粋に楽しんでいたバドミントンが競技になりました。

何度対戦しても勝てないのですから、私が一方的にライバル視していただけかもしれません。とにかく、彼女に勝ちたい。実はそれこそが、クラブを移った一番の理由でした。生まれながらの負けず嫌いに、彼女が火をつけてくれたのです。

もっと強くなりたいという気持ちで飛び込んだ新たな環境は、想像よりずっと厳しいものであり、それこそが私が求めていたものでもありました。全国レベルの実力を持った選手たちが、泊まりがけで合宿をしたり、コーチの自宅に下宿をしたりしながら練習を積んでいくのです。

コーチにははっきりと弱点を指摘されました。「瑞希は体力がない。練習で手を抜いている限り、体力はつかない。ライバルにも勝てない！」と宣告されたのです。

ああ、やっぱりそうなんだ——自分でも納得しました。この当時の私は、体力強化の練習が苦手な子どもだったのです。体力に自信がなく、足も速くないので、どうしても気持ちが乗らなかったのです。もうちょっとしっかりやらないといけない、という自覚はありましたが、根本的な取り組み方を変えなければライバルに勝てないという現実を、真正面から突きつけられました。

同時に、ちょっと驚きでもあったのです。

ライバル視している彼女にどうしたら勝てるのだろう、とずっと考えていました。考え続けても見つけられなかった答えが、そんなにもシンプルなものとは思ってもいなかったからでした。

体力をつければ彼女に勝てるなら、迷いなど入り込むはずはありません。毎日30分のランニングを日課にします。バドミントンを始めた当時はぽっちゃりだった体形が、少しずつがっちりに変わっていた頃でもありました。

始めたのは夏休みの時期で、午後2時から3時の間に走ると決めました。最初はもう、ホントにイヤイヤながらでした。8月の午後ですから、頭が焼けるような日差しが照りつける日も多く……。

日なたに出るだけでも憂鬱《ゆううつ》なのに、30分も走るなんて！　三日坊主にならないだけでも精いっぱいで、もうめちゃめちゃ大変です。

何度も折れそうになった気持ちを支えたのは、母とのやり取りでした。私がグズグズしていると、母が「継続は？」と聞いてきます。私は「力なり！」と答える。重たくなっている腰を上げて、玄関へ向かいます。

父親の教えも手助けになりました。バドミントンを始める以前から、父は私たち3姉妹に「小さなことを大切にしなさい、小さなことからコツコツと積み上げていきなさい」と教えてくれていました。

身体で感じる変化も、持続力を引き出してくれました。１週間前より今日のほうが、少し楽に走れるようになった。２週間前より今日のほうが、もっと楽に走れるようになった。小学校４年生の私は心肺機能といった言葉を知りませんでしたが、少しずつでもスタミナがついていくのが分かりました。

あとはもう、幼少期から私の支えになっている根性です。

雨の日だって休みません。小さい身体が強風に煽《あお》られる日も、自分で決めたコースを走り切ります。友だちと遊んでいても、午後２時になったら中断です。友だちが伴走してくれることもありました。

続けなければ勝てないし、続ければ勝てる可能性は高くなる。走るだけで勝てるようになるなら、走らないで負けるなんて許せない。自分に足りないものが分かっただけに、気持ちが折れることはありませんでした。

毎日のランニングを日課にして初めて迎えた大会で、私はライバルに勝って優勝しました。負けるたびに巨大な敵になっていたライバルが、手の届く存在になっていきました。

「瑞希は体力がない」というコーチの言葉に、違った角度から光を当ててみます。

「こうすれば勝てる」という目標達成へのアプローチを、示してもらったことになるでしょう。小学校4年生で得たこの成功体験によって、目標から逆算して課題を整理する思考が習慣化されていきました。

「コート上では女優になれ」の意味

クラブを変えたことで、もうひとつ身についたスキルがあります。

感情のコントロールを、意識するようになったのです。

クラブを変えてしばらくすると、母親が「瑞希は変わったね」と言いました。表情には困惑の色がにじんでいるように見えました。

全国レベルの選手を育てるクラブですから、コーチの指導は熱を帯びていきます。キツい言葉を浴びることもありました。

練習はできるだけ楽しくやりたいですから、コーチに怒られたくありません。私が怒られるようなことをしたら、練習の雰囲気そのものが悪くなる。他の選手に迷惑をかけてしまう。

どういう状況でどういう言動をしたら、コーチはどんな反応をするのか。知らず知らずのうちに、想像を巡らせるようになりました。コーチの感情を先回りして読むとか、その場の空気を察するようになっていったのです。

子どもらしい伸び伸びした感情とはかけ離れているだけに、母親は不安を感じたのかもしれません。けれど、子どもがコーチに意見をするのはとてもは難しくて、子どもは心が柔らかいからこそ、周りと調和しようと考えるところはあるはずです。そのことに息苦しさを感じるかどうかは、人それぞれではないかと思います。スポーツをやっていれば、大人のコーチとどうやって向き合うのかは、誰もが一度は悩むのではないかな、と思います。

空気を読むようになった私の変化には、もう少し続きがあります。

コーチからは「コート上では女優になれ」と指導されていました。「疲れていても、疲れた顔をするな」と。

バドミントンのコートは、奥行きが13・４メートル、幅が６・１メートルです。シングルスでは幅が５・１８メートルになりますが、コート全体をひとりでカバーするわけですから、運動量が減ることはありません。

選手たちはストップ、ダッシュ、ターンを、試合中に何度も、何度も、何度も繰り返します。フィジカル的な要素として、素早いフットワークとスタミナは欠かせません。

ラリーが続く接戦は、激しい消耗戦です。表情は険《けわ》しくなりがちで、ゲームの終盤になると疲れを押し隠すのは難しくなります。無意識のうちにタメ息をこぼしたり、気怠《けだる》そうな仕草をしてしまったりする。

対戦相手の表情や仕草ににじむ疲労は、自分を奮い立たせる材料になります。「キツいのは私だけじゃないんだ。ここでもうひと踏ん張りすれば相手を引き離せる」と思うことができる。コーチが「女優になれ」と繰り返したのは、試合中にスキを見せるなということだったのでしょう。

周りの空気を読むようになっていた私は、相手の立場に立って考えることができます。自分が身につけた思考のメカニズムをもっとうまく使いこなせば、女優ではなく「大女優」になれるんじゃないかな、と思い至りました。

疲れている自分を見せてしまったら、相手は勢いを増す。

それならば、本当は疲れていないけれど疲れているように見せたら、相手はどうなるだろう？　「いける！」という気持ちで攻めてくるに違いない。そこでバシッとカウンターを決めたりしたら、精神的なダメージを与えられるのでは？

このシチュエーションに立たされたら自分ならこう感じるという前提に立って、色々な自分を演じてみました。疲れを隠すのはもちろん、疲れているフリもしてみました。毎日のランニングでスタミナはついていましたから、体力には自信を持てるようになっていました。結果は上々です。私が疲れているフリをすると、相手は油断をする傾向にあることが分かってきました。

緊張する自分を受け入れることで強くなる

バドミントンはシングルス、ダブルスともに2ゲーム先取の3ゲームマッチです。それぞれのゲームは、21点先取で決まります。サーブ権のあるなしにかかわらずラリーに勝ったチームが点数を得るラリーポイント制——テニス、バレーボール、卓球などと同じですね——で、20対20になった場合は2ポイント差をつけるか、どちらかが30点になるまで続きます。

1ゲームの最大ポイントは30対29ということになりますが、59点分もの打ち合いが繰り広げられるのはさすがに例外的です。

ただ、たくさんの得点を取り合うゲームだから、ひとつのミスはいくらでも挽回《ばんかい》できると考えるのは間違いです。ゲームの行方《ゆくえ》を分ける1点、結果そのものを左右する1点は確実にあり、勝負どころと呼べるその1点を取るために、私は様々な自分を演じるようになりました。

それが「駆け引き」というものだと自覚するのは、もう少し後になります。いずれにしても、自分をコントロールすることを身につけていく過程で、「あ、いまちょっと疲れているな」とか「いまは全然大丈夫だ」といったように、自分を客観視できるようになりました。

中学、高校、社会人と競技のレベルが上がっていくことで、プレッシャーのかかる試合を経験していくようになりますが、私は緊張で身体が動かないということはほとんどありませんでした。緊張しないわけではなくて、「いつもより緊張しているな」という自分を自覚して受け入れることで、対処法を考えるようしていたのです。

緊張していることが分かっていれば、パニックになることはありません。緊張を引きずることもなく、試合が始まれば緊張は解けるか、5分もすれば緊張状態が終わるのが、小学生の頃から変わらない私のパターンでした。

ところで、「遠くから通っているうまい子」という立ち位置の私は、みんなに歓迎される存在ではなかったようです。「今週末は休みだから」と言われたのに、チームのみんなは練習していたことがあったそうで……。自分では全然覚えていないのですが、「仲間外れにあって泣いたこともあったのよ」と母から聞かされました。

娘の涙を見せられて、母は心配したのでしょう。「嫌ならやめてもいいんじゃないの?」と聞くと、私はいつも「強くなりたいから大丈夫」と答えたそうです。

２０１２年のロンドンオリンピック出場を目指すにあたって、私は自分の目標へ向かっていくためにはどうすべきかを整理しました。ゴールから逆算してやるべきことを導くというアプローチは、この頃から私のなかに根差してきたのかもしれません。

地元のクラブから強豪クラブに移ってからは、順調にレベルアップしていったと思います。「もっとうまくなりたい」という意欲の高まりもありましたが、「オリンピックに出たい!」という気持ちは心のどこにも見当たりません。

バドミントンを本格的に始めてから、小学校2年生時に１９９６年のアトランタオリンピックが、小学校6年生時に２０００年のシドニーオリンピックが開かれました。アトランタオリンピックには熊本中央女子高校出身の宮村亜貴子《みやむらあきこ》さんと宮村愛子《みやむらあいこ》さんのペア、熊本信愛《くまもとしんあい》女学院《じょがくいん》高校出身の松尾知美《まつおともみ》さんと阪本雅子《さかもとまさこ》さんのペアが、女子ダブルスに出場しています。

シドニーオリンピックでは水井泰子《みずいやすこ》さんが、女子シングルスで日本人選手初のベスト8に進出しました。

私は小学5年生時と6年生時に全国大会に出場して、準優勝をしています。将来を期待される選手のひとりという立場になっていましたが、オリンピックははるか彼方《かなた》の舞台でした。どうやったらオリンピックに出られるのか、それ以前にどうやったら日本代表になれるのかさえも、情報として事細かに伝わっていなかったので……。

日本におけるバドミントンは、当時はまだ4年に一度のサイクルで、瞬間的にちょっとだけ注目されるスポーツ、というものだった気がします。

「全中」で優勝はしたものの……

中学生になると、ついに日本一になります。2年生時に出場した『全国中学校バドミントン大会』の女子シングルスで優勝しました。

『全中』と略されるこの大会は、中学校で部活に打ち込む生徒なら誰もが目指す大会でしょう。バドミントンだけでなく陸上や水泳、サッカーやバスケットボールといった競技でも、のちに世界で活躍するような選手を優勝チームや上位入賞者に見つけることができます。

1年生のときに準優勝していたので、2年生で優勝というのは順調なステップアップと映るかもしれませんが……。これがもう壮絶、過酷、苦難、焦燥《しょうそう》、の日々でした。ひとことでまとめるなら「地獄」です。

苦しみのプロローグは、中学1年生の秋に襲ってきました。8月の全中で準優勝した直後に、それまで通っていたクラブがなくなってしまったのです。私の力を引き出してくれる厳しい指導者も、切磋琢磨《せっさたくま》してきたチームメイトも失い、ひとりで練習するという状況にいきなり立たされてしまいました。

あちらこちらのクラブを訪ねて練習に混ぜてもらったりもしましたが、ひとりでいる時間のほうが圧倒的に長いのです。通っていた中学校のバドミントン部には、専門的な指導のできる先生がいません。バドミントン部に所属しながらも、自分で練習メニューを考えていくしかない……。

全国大会で準優勝した選手ですから、来年は優勝しかありません。それだけでも大きなプレッシャーなのに、しっかり練習できていない。自分では限界まで追い込んでいるつもりだけれど、ひとりでできることには限りがあります。ライバルたちの存在が、頭のなかにちらつくようになり、やがて離れなくなっていきました。

あちらこちらの練習へ連れていってくれる母に、「なんで私だけがこんな思いをしなきゃいけないの！」とか「強いバドミントン部のある中学校へ転校させて！」とか、八つ当たりしました。行き場を見つけられない怒りが、自分の身体のなかに収まりきらないのです。

何とかクラブが見つかったのは、中学2年生に進級してからです。その頃にはもう、レベルではなく練習環境を最優先してクラブを探していました。決まった日の決まった時間に練習できることが、メンタルの安定につながるからです。気持ちのざわつきを抑えないと、練習に集中できませんので。

出場した大会で出会った豪華な顔ぶれ

新しいクラブは少人数で、全国的なレベルの選手もいません。中学生チャンピオンの先輩がいたひとつ前のクラブのように、チーム内でレベルの高い競争を望むことはできませんでした。

練習環境を得たことで、安心している場合じゃない。半年分の遅れを取り戻さなければ。一つひとつの練習の意味を、それまで以上に考えるようになりました。

小さなクラブなので、みんなが同じメニューを順番に消化していきます。練習のレベルが低いというわけではないのですが、強い相手と練習することはできません。物足りなさを感じるところもありました。

漠然《ばくぜん》と練習するだけでは、レベルアップにつながりません。一つひとつの練習から自分は何を身につけるべきかを考えて、意味がつかめなければコーチに質問をしました。

私にとって幸運だったのは、コーチが理論的に説明をしてくれたことです。

「瑞希、これは自分に意味がないと思っているだろ？　でもな、いまの瑞希にはこういう動きが必要で、そのためにこの練習が必要なんだ」

これぐらい噛み砕いて説明してくれるので、スッキリします。「はい、分かりました！」と返事をして、練習を続けることができました。

より高いレベルに触れるために、毎週土曜日は社会人チームの練習に通うことも始めました。高校卒業後にお世話になるＮＥＣ九州バドミントン部です。クラブでは高校生のＯＢ選手が、練習相手に来てくれることもありました。

そうやって迎えたのが、２年生の全中だったのです。優勝できたことで私自身ホッとしましたが、クラブのコーチは私より大きなプレッシャーを感じていたのではないかと思います。１年生で全国準優勝した選手を、いきなり預かることになったのですから。

中学2年生で全国優勝したのだから、3年生では連覇を目標に掲げました。ところが、準優勝に終わってしまいます。決勝戦の試合中に足が痙攣《けいれん》してしまい、途中棄権となってしまいました。

全中は夏休み期間中に行われるので、コーチの自宅で合宿を経て臨みました。社会人選手と練習を重ねていたので疲労がたまっていき、決勝戦で身体が悲鳴を上げてしまった、ということだったと思います。

9月には全日本ジュニアバドミントン選手権大会に出場して、女子シングルスで準優勝しました。決勝戦でぶつかった平山優《ひらやまゆう》さんは、聖ウルスラ学院高校の3年生で、前年度のインターハイのシングルスチャンピオンでした。高校3年生に混じって準優勝までいったのですが、一発勝負なら大学生や社会人選手にも勝っていたので、結果は冷静に受け止めていました。勝ち上がるのはもちろん大変でしたが、これぐらいはできるはずだと思っていました。

全日本ジュニア選手権準優勝という成績は、さらに上のカテゴリーの大会へ私を連れていくことになります。日本でももっとも歴史があり、バドミントン選手にとって夢の舞台とも言える全日本総合バドミントン選手権大会に、出場することになったのです。２００３年11月、日本チャンピオンを決める大会に向かいました。

女子シングルスの顔ぶれは、さすが「総合」と言うべきものでした。バドミントン選手の間では、この大会は「総合」と呼ばれています。

２０００年のシドニーオリンピックの女子シングルスに出場し、２００４年のアテネオリンピックでも女子シングルスを戦う米倉《よねくら》加奈子《かなこ》さん、同じくアテネオリンピックのシングルス代表の森かおりさん、２００８年の北京オリンピックで女子シングルスの代表になる廣瀬《ひろせ》栄理子《えりこ》さん、前年のこの種目で優勝した小椋《おぐら》久美子《くみこ》さん、その小椋さんと北京オリンピックの女子ダブルスに出場する潮田玲子さん、同じく北京オリンピックの女子ダブルス代表をつかむ末綱《すえつな》聡子《さとこ》さんら、未来の日本女子バドミントン界を牽引するみなさんが勢揃いしていました。青森山田高校の2年生で、その年のインターハイを制した今別府《いまべっぷ》香里《かおり》さんの名前もあります。

社会人選手権大会をはじめとした全国大会の上位選手と、日本ランキングの上位選手が集《つど》う、文字どおり「日本一」を懸けて戦う大会に、史上最年少の中学3年生として自分が出場する——全身を興奮が駆け巡っていきました。中学生で総合に出場した女子選手は、その後もふたりしか現れていません。２０１６年のリオデジャネイロオリンピックの女子シングルスで銅メダルを獲得した奥原希望選手と、ベスト8入りした山口茜選手です。

ちなみに結果は、1回戦敗退です。社会人選手が相手でしたが、やはり負けるのは悔しい！　物足りない！「次に出るときは絶対に勝つぞ！」と決意して、大会が行われた名古屋から熊本へ戻りました。

衝撃的だった青森山田高校

中学生として出場できる大会がすべて終わると、そろそろ進路を決めなければなりません。中学校の3年間で全中優勝1回、準優勝2回、ジュニア選手権2位の成績を残せたおかげで、バドミントンの有力高校から誘いを受けました。「ウチが声をかけても来ないですよね」という諦めの雰囲気があったのか、ものすごくたくさんの高校から声をかけてもらったわけではなかったのですが。

熊本県はバドミントン王国です。私が中学3年生時の高校総体（インターハイ）では、熊本中央高校が学校対抗女子の部で3位に食い込んでいました。陣内貴美子さんが卒業した伝統校で、インターハイで4度の優勝を飾っています。県外からも実力のある選手が集まってきます。

バドミントンに力を入れている高校は、その他にも県内にいくつもあります。私は熊本県出身の女子選手では陣内さん以来の素材、と言われることもあったので、「藤井は県内の高校へ進学するのだろう」と考える人が多かったのかな、と思います。

私自身はまるで違う視点に立って、自分の進路を考えていました。

小学校3年生から始まるバトミントン漬けの生活は、両親の協力なしには成り立たないものでした。中学2年生から週に3回通い続けたクラブは、車で2時間ほどかかります。18時に家を出て20時から2時間みっちり練習をして、また2時間かけて帰宅すると24時です。それからご飯を食べて寝る、という生活でした。両親の負担は相当なものだったでしょう。

両親が私をサポートできるように、ふたりの姉も協力をしてくれていました。5歳年上の姉は全中に出場したこともありましたが、私に譲るようにバドミントンから離れていきました。

バドミントンに集中できる環境を家族が整えてくれるおかげで、私は強くなること、うまくなることだけを考えることができている。そこでふと、頭から足先まで自分を見つめ返してみたのです。ぼんやりと感じていた疑問が、むくむくと立ち上がってきました。

バドミントンしかやっていない生活をこれからも続けて、私って大丈夫なの？

このままずっと家族に負担をかけたくない、自立したいという思いが強くなっていくなかで、青森山田高校の体験入学に参加したのです。

ズドン！と胸に大砲を撃ち込まれたような衝撃を受けました。

生徒一人ひとりが礼儀正しくて元気があり、溶け込みやすい雰囲気に溢れていました。校風がいいな、ここで高校生活を過ごしたいな、と直感的に思ったのです。

バドミントン選手としての成長を考えても、最高と言っていい環境です。

男女ともに全国大会の上位に食い込む選手が揃っていて、私が中学校3年生時のインターハイでは女子の学校対抗で2位になっていました。女子シングルスでは、2学年上の今別府香里さんが優勝していました。国体と呼ばれる国民体育大会の少年女子でも、青森山田高校は実質的な県代表となっています。過去4年の間に優勝3回、準優勝1回の成績を収めていました。

バドミントンに限らず、強いチームには力のある選手が集まります。私以外にも全中でベスト8以上の成績を収めた新1年生が入学する予定になっている、と聞きました。

中学2年生から所属したクラブでは、自分自身でモチベーションを上げながら練習を重ねてきました。自分より強い選手と練習をするには、大相撲のように〝出稽古《でげいこ》〟に行かなければなりませんでした。

青森山田高校へ入学すれば、同級生も上級生もハイレベルな選手ばかりです。自分で自分を追い込みながらひとりで練習するのではなく、青森山田高校の環境に飛び込んでみたい、強い相手と毎日練習したい、という思いが膨らんでいきました。

青森山田高校への進学に傾くプラス材料が、もうひとつありました。

自分の実力が上がっていき、全国大会で結果を残せるようになると、周りに気遣われていると感じる場面が増えました。もちろんそれは有難いし、とっても嬉しいことです。同時に、「過保護に扱われ過ぎているんじゃないかな」という気持ちが過《よぎ》るようになりました。

そもそも自由奔放《じゆうほんぽう》なタイプの私が、家族以外からも大切に、大切に扱われたら、絶対に調子に乗ってしまう。私にとっての高校進学は、ひとりの人間としてもっと磨かれる環境を探すタイミングでもある、という思いが心のなかで強くなっていったのでした。

さあ、ここからが大変でした。「大変」の二文字ではまるで足りないほど色々な出来事が、数か月間の間に私と家族に襲いかかってきました。

私が青森山田高校へ行くつもりだと聞いた熊本県内のバドミントン関係者は、もちろん眉をひそめます。お世話になってきた指導者の方はもちろん、それまで会ったことのない方からも、県内の高校への進学を勧められました。

反対されることは覚悟していましたが、予想よりもはるかに巨大な向かい風に煽《あお》られていきます。15歳の女子中学生では、ひとりで立っていられないぐらいでした。自分が直接言われた言葉、両親から伝え聞く言葉の数々が、頭のなかにずっと居座って眠気さえも追い出してしまうのです。

青森山田高校へ進学したら、熊本には帰ってこられないかもしれない。

帰ってくることはできるとしても、人目につかないように生きていかないといけないのかも……。

バドミントンはどこでもできるわけだし、やっぱり熊本にいたほうがいいのかな——自分の気持ちを強制的に修正しようとしたところで、両親が落ち着いた様子で話してくれました。

「瑞希の好きなところへ行きなさい」

お世話になっている社会人チームのコーチも、いつもと変わらない表情で言ってくれました。

「青森山田高校へ行って、もし成績が出なくてもオレは瑞希をチームに呼ぶ。瑞希のプレイに可能性を感じているから、安心して行ってこい。3年後には帰ってこられるようになっているから」
自分の周りの空気が、澄んでいくように感じられました。両親とコーチの言葉を支えに、私は青森山田高校への進学を決めたのです。

「世界」を遠く感じた理由

青森山田高校へ入学したのは２００４年でした。夏にはアテネオリンピックが行われています。日本からも男女シングルス、男女ダブルス、ミックスダブルスの5種目に選手が出場しましたが、高校生の夏と言えばインターハイです。オリンピックがどうなのか、気にしている余裕がありませんでした。

アテネオリンピックの思い出と言えば、私にとっては福原愛《ふくはらあい》です。青森山田高校へ入学したことで、〝愛ちゃん〟と呼ばれている日本屈指の卓球選手が同級生になりました。

同じ場所で同じ時間を過ごしている友人が、オリンピックで戦っている――何だかとても不思議な気持ちでした。

テレビで福原を応援しながら、「彼女はどんな景色を見ているのだろう」と考えました。

そして、いまはまだ彼女を追いかける立場だけれど、いつか自分が彼女に刺激を与えられる存在になりたい、という意欲がそっと立ち上がりました。

オリンピックから戻ってきた福原と、「いつか一緒に出たいね」と話したような気がします。ただ、どうすればオリンピックに出られるのかさえ分からなかったですから、現実的な目標ではありませんでした。

私だけでなく先輩も同級生も、きっと同じような感覚だったと思います。「４年後は私たちがオリンピックに出よう」といった掛け声が、練習で飛び交うようなこともなかったので……。もっと言えば、私たちの実感は日本全国のバドミントン選手にも共通するものだったはずです。

たとえばサッカーなら、Ｊリーグで活躍して日本代表に選ばれ、オリンピックやワールドカップに出る、というサイクルが誰の眼にも見えるようになっていました。中学や高校でサッカーをやっている選手は、「日本代表になる」という目標を明確に持つことができるのでしょう。

それに対してバドミントンは、私たちが手にすることのできる情報に限りがありました。テレビのニュースで国際大会が放送されることは少なく、スポーツ新聞やインターネットで記事を見つけるのも難しい。たくさんの情報に触れることで「世界で戦う選手に憧れ」て、「自分もそうなりたい」という目標へ向かっていくことが、私たちバドミントン選手は当たり前でなかったのです。

オリンピックという大会に当事者意識を持てていなかったもうひとつの理由として、「世界」が遠かったことがあげられます。

サッカーには小中学生の年代から、日本代表があると聞きます。日本代表が編成されるということは、国際大会があり、国際大会で結果を残すには相応の準備が必要でしょう。というわけで、サッカーでは小中学生年代から海外のチームと対戦することになります。海外で戦うことが、特別ではなくなっていきます。

ここから先は私自身の体験ですが、自分が対戦したことのないスタイルの選手に出会うと、選手としての向上心を刺激されます。勝っても負けても試合後には充実感があり、「次はもっと高いレベルでやりたい、次はもっといい勝負がしたい」という気持ちになって、「すぐにでも練習をしたい」と考えたものでした。

小中学生から世界の舞台で戦っている競技の選手は、早い段階から世界に視野を広げることができ、その延長線上として向上心をすくすくと育《はぐく》んでいくことができるのでしょう。

私が高校生当時のバドミントン界には、世界へつながる扉が見当たりませんでした。オリンピックよりも目の前の大会に集中していくだけだったのです。

高校バドミントンは春の全国高校選抜、夏のインターハイ、秋の国体と全日本ジュニア選手権（ジュニアオリンピック）が4大全国大会と言われています。高校選抜は3月に開催されるので、出場できるのは新2年生と新3年生のタイミングだけになります。

アテネオリンピックと同時期に行われたインターハイは、高校生になって最初の全国大会でした。熊本を離れても成長できていることを証明するためにも、私にとっては負けられない大会でした。

インターハイでは学校対抗と呼ばれる団体戦、女子ダブルス、女子シングルスの順に行われていきます。3種目にエントリーされてすべて上位に勝ち上がると、3、4日間で合計15試合以上を戦うことになります。

私たち青森山田高校は、女子団体で2年ぶりの優勝を飾り、私は女子ダブルスで3位になりました。ペアを組んだのは3年生の今別府さんで、女子シングルスで2連覇を達成している先輩ですから、ダブルスの3位は満足できるものではありません。

けれど、どうしようもなかったところもありました。1年生でもエース格の私は、団体戦からフル稼働していて、ダブルスの途中から疲れが溜まっていました。2年生や3年生に比べると、体力で劣っていたのです。

最終種目のシングルスが始まるころには、明らかに疲労困憊《こんぱい》していました。期間中は朝練をしていたのですが、あまりに疲れて起きられなかったほどです。自己ワーストの4回戦で、敗れてしまいました。

とにかく楽しかった高校の練習

小学校からバドミントンをやっていると、違う学校やクラブにも顔馴染みができます。全国大会のたびにお互いの試合を観て、ときには対戦したりするうちに、どちらからともなく挨拶をするようになったり、試合の前後に話をする選手が増えていくのです。

高校1年生同士の会話と言えば、「そっちの学校どう？」というのがお決まりです。

練習はキツいのか。顧問の先生は怖いのか。先輩との距離感はどうなのか。いまさら環境を変えることはできないけれど、同級生がどんなふうに過ごしているのかは気になるものです。

私が聞かれることは、いつも同じでした。探るような口調で「山田の練習ってどれぐらいキツいの？」と聞かれるのです。私たち高校生の間では、青森山田高校は「山田」と略されます。

私の答えも決まっていました。

「全然キツくないよ」

全国レベルの選手が揃っているだけでなく、1年生と2年生が6人で、3年生は3人でした。少数精鋭でしたから、練習の質は日本の高校で1、2を争うものだったと思います。だからといってキツいとは思いません。むしろ、楽しかった。ものすごく、楽しかった。厳しい球を打っても、相手は拾ってくる。もっと厳しい球を打っても、また返される。相手も厳しいところへ打ってくる。私も食らいついて返す。

毎日の練習で繰り広げられる攻防は、間違いなく全国大会レベル、もっと言えば全国ベスト8以上の水準でした。授業が午前中だけで終わる日は、午後はみっちりコートに立っていたので、14時から19時ぐらいまでバトミントン漬けです。

これで強くならないはずがありません。これだっ、これがやりたくて山田に来たんだっ！という感じです。

練習をキツく感じなかったのは、メリハリのある生活を送っていたことも関係しています。大会や遠征がない限り、土曜日と日曜日はどちらも半日オフでした。男子と女子で体育館を使い分けるからなのですが、そのおかげで自分たちに与えられた練習時間を無駄にしない雰囲気がありました。そして、練習のない週末の午後には、外出してリフレッシュしたりします。みんなで気分転換することで、フレッシュなメンタルを保つことができていました。

「全国的な強豪校＝練習がものすごくハードで休みも一切なし」といった一般的なイメージとは、かなりかけ離れていたと思います。

私は寮生活を送っていましたので、夏休みや冬休みになると一時帰省します。久しぶりに実家に帰ってのんびり……というのはせいぜい2日目までで、3日目にはもう退屈です。

「ああ、早く青森に帰りたい」と、両親にこぼしていました。

青森山田高校のバドミントン部は、授業前の朝練も基本的に任意参加でした。

私は必要に応じて、という範囲で取り組んでいました。朝練に限らず日々の練習にも共通することですが、練習の目的は大まかにふたつにあると思います。

ひとつ目は、自信をつけるため。

ふたつ目は、不安要素を取り除くため。

練習は勝つための手段であって、それ自体が目的ではない。

朝練にしても、早起きをして体育館へ行くことが偉いとか凄いとかではなく、大切なのはどんな練習をするのか。時間の使い方は個人に任されているのですから、なおさら目的意識を高く持ってやらなければもったいない。

私は期間を決めて、朝練をしていました。「次の大会へ向けて、レシーブを強化しよう」とか、「スタミナをつけるために2か月走ろう」といった感じです。小学校4年生で身につけた逆算の思考で、それぞれの大会に臨んでいきます。

新2年生になる直前の全国高等学校選抜バドミントン大会は、女子団体で優勝しました。私自身は女子シングルスでも優勝を飾りました。

夏のインターハイでも団体に当たる学校対抗で優勝し、女子シングルスも制しました。

10月の全日本ジュニアバドミントン選手権大会でも、シングルスで優勝を飾りました。青森山田高校からは1学年下の令佳も準決勝まで（私がストレートで勝利しました！）勝ち残ったことからも、レベルの高い練習ができていたことが分かります。

高校生年代のシングルスをすべて制したことで、11月の全日本総合への出場権をつかみました。中学3年生以来、2度目の出場になります。

トーナメント表を見ると、高校生は私を含めて７人います。令佳も予選を勝ち抜いていました。

高校生のなかで、最初に負けるわけにはいかない。高校生のチャンピオンとして、最後まで勝ち残らなければならない。

大学生との１回戦を２対１で制し、社会人選手との２回戦は２対０のストレートで勝ちました。この時点でベスト８です。高校生は私ひとりだけになっていました。

準々決勝の相手は米倉加奈子さんです。２０００年のシドニー、２００４年のアテネと、２大会連続でオリンピックの女子シングルスに出場していて、全日本総合での優勝経験もあります。

日本のトップレベルの力を、まざまざと見せつけられました。自分のいいところをほとんど出すことができずに、０対２のストレートで敗れました。

２００６年、高校最後の年に

２００６年に開催されたスポーツイベントと言えば、すぐに思い出すのは２月のトリノ冬季オリンピックでしょうか。それとも、サッカーのワールドカップでしょうか。

私自身は、どちらもチラチラと眺めるぐらいでした。高校生活最後の１年なのです。２年生のときと同じようにシングルスのタイトルを網羅して、団体戦やダブルスのタイトルもチームのみんなで持ち帰る！という意気込みでシーズンを迎えました。

３月の高校選抜は、喜びよりも悔しさに占められる大会となりました。

団体にあたる学校対抗戦は準優勝でした。石川県の金沢《かなざわ》向陽《こうよう》高校に競り負けました。

相手のエースは同級生の樽野《たるの》恵《めぐみ》さんで、小学校時代から何度も対戦してきたライバルです。彼女は福岡から石川へ、私は熊本から青森へバドミントン留学をして、高校でも１年生からしのぎを削ってきました。

学校対抗戦では彼女と対戦しなかったのですが、シングルスでは準決勝で当たりました。シングルスでの対戦は２年時のインターハイ準決勝以来で、この試合は２対０のストレートで勝っていました。いつも意地と意地のぶつかり合いで、簡単な試合にはなりません。

この日は午前中にダブルスの決勝があり、私と令佳のペアは樽野さんのペアを退けて優勝していました。その直後にシングルスの準決勝があり、ここでは０対２で押し切られてしまいました。

次の全国大会は、8月のインターハイです。今度は金沢向陽に負けるわけにはいかない。学校対抗もダブルスもシングルスも、全部獲るつもりで開催地の奈良県へ向かいました。学校対抗では予想どおり決勝で対戦し、選抜のリベンジを果たして優勝しました。

次のダブルスでは、準決勝で金沢向陽のペアと対戦しました。第1ゲームは15対13で何とか逃げ切り、第2ゲームは15対7で制しました。決勝は群馬県のペアを破り、春の選抜に続いての全国制覇となりました。

最後はシングルスです。第1シードの私と第3シードの樽野さんが、順当に決勝まで勝ち上がりました。ダブルスから3日連続の試合で、この日だけでも準決勝に続いての連戦でしたが、一番負けたくない相手です。インターハイ連覇もかかっています。

全身から体力を絞り出し、集中力をマックスまで高めて、樽野さんを振り切りにかかります。ところが、1対1で迎えた第3ゲームで2対8と引き離されました。

インターハイのシングルスは1ゲーム11点先取です。あと3点先に取られたら、樽野さんにゲームを取られてしまいます。私の負けが決まってしまう。

体育館で試合を観ていた人たちは、「勝負はついたな」と思ったかもしれません。私を応援してくれる青森山田高校の選手たちの声にも、悲鳴が混じっていたような気がします。

藤井瑞希という選手が盛り返すのを、一番信じていたのは他でもない私でした。学校対抗、ダブルス、シングルスのすべてで優勝するには、連戦を乗り切るのが大前提です。そのために体力をつけてきました。

チームメイトの存在も力になりました。同級生も後輩も、泣き叫ぶように応援をしてくれているのです。みんなのために頑張ろう、絶対に諦めない、と自分を奮い立たせました。

長いラリーが続くなかで、相手のミスを誘って点差を詰め、8対8まで持っていきました。こうなればもう、コート上の空気は変わっています。試合の流れは私の手の中にある。さらに3ポイントを連取してこのゲームを取り、ゲームカウント2対1で優勝しました。

インターハイで学校対抗、ダブルス、シングルスのすべてで優勝するのは、陣内貴美子さん以来25年ぶりとのことでした。青森山田高校に越境入学したことが無駄ではなかった、ということを結果で示すことができたので、私の心は喜びの色に染まりました。2色でも3色でもなくもっとたくさんの……虹色のようだった気がします。

樽野さんとは10月の国体でも対戦しました。青森県は私たち青森山田高校で、石川県は金沢向陽高校の選手が代表です。

第1試合はダブルスで、私と令佳のペアが出場しました。準決勝までの4試合はすべて2

対0のストレート勝ちで、試合時間も最長で36分でした。20分ほどで勝利した試合もあります。けれど、樽野さんのペアと激突した決勝は、1時間を超える熱戦となりました。

結果は1対2の敗戦でした。第1ゲームは私たちが取ったのですが、第2、第3ゲームを落として逆転されてしまいました。2試合目のシングルスも落としてしまい、準優勝に終わりました。

高校生同士の戦いは国体で終わりですが、私はまだ戦闘モードを緩めていません。11月には全日本総合に出場しました。

全日本総合に出場することは、バドミントン選手にとって最高の名誉です。それだけでなく、世界へつながる大会でもあることを、高校生になった私は知りました。上位に進出した選手は、翌年の日本代表に指名されるのです。

私はこの年の7月に、アジアジュニアバドミントン選手権に出場していました。現在はアジアユースU－19バドミントン選手権大会と呼ばれているもので、マレーシアの首都クアラルンプールに日本、韓国、中国、香港、台湾、マレーシア、インドネシア、インドといった国や地域の選手が集まりました。

私は三木《みき》佑里子《ゆりこ》さんとのペアで、ダブルスに出場しました。1学年下で学校も違う三木さんとプレイするのは初めてでしたが、準決勝まで勝ち上がって銅メダルを獲得することができました。

海外でプレイするのは、高校1年から3年連続でした。1年時はヨーロッパへ、2年時はこの大会に出場したのですが、同じバドミントンという競技なのに、日本との違いに驚かされるばかりでした。ただ、それが嫌ではなかったのです。銅メダルを獲得したことよりも、日本とは違う環境に触れた興奮のようなものが、身体の奥にしばらく残っていました。

全日本総合を戦う前の時点で、私は日本ランキング8位でした。2006年の日本代表は男女ともに8人で編成されていましたので、数字の上では翌2007年の日本代表入りを狙える位置にいる、ということだったかもしれません。だからといって、ランキングを気にしたことはなかったですし、準々決勝で敗れた前年よりいい成績を残す、という気持ちで全日本総合に臨みました。

1回戦で大学生に2対0で勝利し、2回戦は青森山田高校で2学年先輩だった今別府香里さんと対戦しました。社会人チームでプレイするかつての先輩にもストレートで勝ち、ベスト8で森かおりさんに挑戦しました。

森さんは全日本総合のシングルスで2度優勝していて、2004年のアテネオリンピックにも出場していました。

いまの自分にできることをすべてぶつけて、どこまで森さんを苦しめられるか――第2ゲームを奪って3ゲーム目まで持ち込んだものの、1対2で敗れました。

9歳も年下の高校生と対戦した森さんは、かなりやりにくかったかもしれません。それでも、要所では私を寄せつけないバドミントンに、「オリンピックで勝つ選手はやっぱり違う」と思わされました。

全国レベルでプレイする高校生の進路は、大学進学か実業団入りかに分かれます。より早く、より高いレベルに身を置きたいなら、社会人として実業団でプレイしたほうがいい。

私の心は早い段階で固まっていました。青森山田高校への進学を決めたときに、「待っている」と言ってくれた九州日本電気（ＮＥＣ九州）のバドミントン部へ行こう、と。3年前から決めていた人生のルートでした。

熊本県に帰ることについては、戸惑いもためらいもありませんでした。帰ったときには「3年間頑張って結果を残してきたな、強くなって帰ってきたな」といったような受け止められ方だったと思います。

ＮＥＣ九州バドミントン部には、日本女子バドミントン界の有力選手が所属していました。

末綱聡子さんと前《まえ》田《だ》美順《みゆき》さんです。２００６年11月末から12月上旬にかけて開催されたアジア競技大会で、日本は女子団体で銀メダルを獲得しました。日本がメダルをつかむのは１９９８年大会以来２大会ぶりで、末綱さんと前田さんは７人で構成される団体のメンバーに名を連ねていました。

また、２００４年のアテネオリンピックの女子ダブルス代表の吉冨《よしとみ》桂《けい》子《こ》さんが、現役を引退してコーチを務めています。バドミントンの女子日本リーグでは、小椋久美子さんと潮田玲子さんのオグシオペアのいる三洋電機を、ヨネックスとともに追いかける存在というのが一般的な評価だったと思います。オグシオペアは２００６年のアジア競技大会で、女子ダブルス銅メダルの成績を残していました。

バドミントンと真剣に向き合うようになってからの私は、ほとんど負けることを経験せずにここまでやってきました。高校３年生までに負けた相手は、10人もいなかったはずです。

大会では優勝か準優勝が当たり前です。優勝できなかったとしても、その理由はほとんどが自分にありました。連戦の疲労を引きずって勝負どころで粘れなかった、というパターンが多かったのです。

目の前の練習や試合に全力で取り組んでいれば、未来は自然と切り開かれていきました。

バドミントン選手としては、エリートコースと言っていいキャリアを歩んでいたと思います。

ここまで、は。

第３章

なぜ日本の五輪代表選考レースは過酷なのか?

社会人になっていきなり陥ったスランプ

社会人になって最初の大会は、４月４日開幕の大阪インターナショナルチャレンジでした。２００７年からスタートした、世界バドミントン連盟公認の国際大会です。

この大会には世界の10か国から選手が集まっていました。世界ランキングの上位選手もエントリーしていると聞きました。

私は女子シングルスに出場し、１回戦で韓国人選手に競り負けました。大会の公式パンフレットに「次世代を担う期待の新星」として取り上げられ、「インターハイで２年連続のシングルスで優勝。全日本総合ではベスト８入りし、この年にナショナルチーム入り。巧みなラケットワークで相手を翻弄《ほんろう》する」と写真付きで紹介されていただけに、悔しい初戦敗退となりました。

４月は日本ランキングサーキット大会の女子シングルスにも出場し、３位になりました。

７月には全日本実業団バドミントン選手権大会に参加しました。高校生年代までの学校対抗と同じで、チーム対抗のトーナメント戦です。前年のアジア競技大会で銅メダルをつかんだ小椋久美子さんと潮田玲子さんのオグシオペアが、バドミントンの人気を高めていました。大会の公式パンフレットでは出場各チームが紹介されていて、ＮＥＣ九州の項目には「新人藤井は勝負強く、実力十分でありシングルス、ダブルスの両方できる強みがある」と書かれていました。

私は１回戦でダブルス、準々決勝ではシングルスで出場し、どちらも勝利しました。ヨネックスとの準決勝は第１試合から３連敗となり、私は出場することなくチームも敗退しました。

９月には全日本社会人選手権に出場し、シングルスでベスト８に終わりました。高校時代からライバルの樽野恵さんに、１対２で競り負けました。樽野さんはＮＴＴ東日本所属となっています。

10月から12月末にかけては、日本リーグが行われます。三洋電機、ＮＴＴ東日本、ヨネックス、七十七銀行、北都銀行、三菱電機、広島ガス、それに私たちＮＥＣ九州が総当たりのリーグ戦で争います。ダブルス２試合とシングルス１試合の合計３試合で勝敗を争います。

日本リーグでは、三洋電機に次いで２位になりました。日本リーグの合間を縫って開かれた全日本総合は、シングルスで準々決勝敗退に終わりました。

社会人1年目の大会を振り返ると、どれも「そこそこ」です。成績だけを見れば、ものすごく悪いわけではない。けれど、高校からの「伸び」は見えにくい、というものでした。

私自身は、はっきりとしたスランプに陥っていました。

社会人選手になったことで、私にとってのバドミントンは「部活動」ではなく「仕事」になりました。ＮＥＣ九州を勝たせるためにチームに呼んでもらって、お給料までもらっているのに、自分の役割を全然果たせていない。

自分は何のためにここにいる？

勝てない私に存在意義はない。

恩返しができてないなら、もうやめるしかないのでは——試合を重ねていくたびに、自分をどんどん追い詰めるようになっていました。

日本代表に選ばれていたことも、プレッシャーにつながっていたのかもしれません。

男女ともに10人しかいない代表選手の一員として、恥ずかしくない試合をしなければいけない。それなのに、ちっとも結果を残せない。

世界にはこんなに身長が大きくて、そのうえで技術も高い選手がいる。私のレベルじゃ厳しい。通用しないのだ——出口の見えないトンネルを、彷徨《さまよ》っているようでした。

勝てない理由は分かっていました。シャトルの強さと体力が、高校生まではまるで違ったのです。

球質が強くて重いので、打ち返す私にもパワーが必要です。相手のスマッシュを受けると、メディシンボールのような重さを感じました。

１本ずつならば、打ち返すことはできます。けれど、２本、３本、４本と連続してレシーブをしていくと、体力を削られていきます。スタミナのタンクはそれまでと変わらないけれど、減っていくスピードが高校生同士の戦いよりも速い。

その結果として、粘り強い戦いに持ち込まれるとやられてしまう、というパターンが増えていました。体力勝負で負けてしまうのです。

違った見方をすれば、技術や戦術が問われる試合なら十分に戦えている、という手ごたえはありました。日本代表の選手にも、勝つことができていました。

それがまた、私を迷わせるのです。

レベルの高い試合で勝てるのに、コンスタントに成績を残せない。現実がゆがんでいるようで、頭のなかで整理がつきません。

体力をつければいい、ということはもちろん分かっていました。けれど、私の考えるバドミントンは、体力一辺倒の勝負でも技術で押し通す勝負でもなく、相手の心理を読んだ駆け引きに体力や技術がプラスされていく、というものです。体力アップのトレーニングをひたすら頑張ることが、どうしても呑み込めません。そこまでして勝ちたいのかと自問自答をしたときに、心の底から、しかも迷わずに「はい」と言うことができなかったのでした。

高校生までは練習漬けの毎日でもバドミントンが楽しくて、明日を迎えに行くような日々を過ごしていたのに、社会人１年目が終わるころにはモチベーションが一気に枯れていきました。負けることに慣れていなかっただけに、勝てない現実が受け入れられないところもあったのだと思います。

ダブルスの魅力に目覚める

ＮＥＣ九州のコーチ陣は、「トップ同士の試合に勝っているのだから、シングルスでも十分にやっていける」と言ってくれました。「そうかもしれないな」と小さく頷《うなず》きながらも、私のなかでは「ダブルスはどうなのだろう？」という気持ちが湧き上がっていました。

きっかけを与えてくれたのは、オグシオペアでした。日本代表として私も参加した２００

7年のスディルマンカップで、おふたりの活躍を目の当たりにしたのです。スディルマンカップは2年に一度開催される男女混合の国別対抗戦で、男女シングルス、男女ダブルス、ミックスダブルスの5種目で、先に3勝したチームが勝ちとなります。

このときの日本は、9位決定戦でシンガポールと対戦しました。勝てばレベルBからレベルAに昇格できる大事な一戦で、両チーム2勝で最終種目の女子ダブルスを迎えます。ここで、オグシオペアが3ゲーム目までもつれる熱戦を制したのでした。

ものすごく大きな喜びが、日本代表チーム全体に広がりました。

世界で勝つということは、こんなにもたくさんの人の気持ちを温かくするのだ。みんなの笑顔が溢れるのだな——そう思ったときにふと、心に小さな明かりが灯《とも》りました。

あっ、私もダブルスならどうだろう？

コートにふたりいたら、もしかしたらいけるかも？

根拠はありません。直感です。

もしダブルスなら、誰と組みたいだろう？

すぐに思い浮かんだのが、青森山田高校の1学年後輩の垣岩令佳でした。

彼女に電話をしました。社会人チームでバドミントンを続けることは決めているけれど、どのチームに行くのか迷っていると聞いていました。

「令佳がウチのチームに入ったら、私はダブルス一本に絞って、あなたと一緒にオリンピック出場を目指す。だから、どこに行くのかを決めたら、すぐに連絡をして」

私はシングルスの選手として、日本代表に選ばれていました。ＮＥＣ九州でも、シングルスをメインに戦っています。おそらく令佳は、「藤井先輩はシングルスでオリンピックを目指すのだろうな」と考えていたに違いありません。それだけに、「ダブルス一本で行く」とはっきり伝えておく必要がありました。自分がオリンピックに行きたいから彼女に来てほしいのではなく、彼女が私とオリンピックに行きたいのなら来てほしい、というのが偽りのない思いでした。

返事をもらえるのは明日かな、明後日かな。それとも、もう少しかかるかな。早くもらえたらいいな、などと考えていたら、数分後に携帯電話の呼び出し音が鳴りました。期待と不安で胸が跳ね上がったことを、いまでも思い出します。

「藤井先輩、一緒に頑張りたいのでＮＥＣ九州にお世話になります。お願いします！」

もし令佳が違うチームへ行っていたら、私は2年後か3年後にバドミントンをやめていたでしょう。シングルスの選手として競技を続けていくモチベーションは、明らかに萎《しぼ》んでいたからです。

令佳を口説くその瞬間まで、私は心の底からオリンピックに出たいとは思っていませんでした。出たくないわけではもちろんないけれど、「出られたらいいな」というぐらいの淡い願望だったのです。

けれど、この瞬間から新しいスイッチを入れました。

２００８年から２０１２年までの４年間は、腹をくってオリンピックを目指す。令佳のバドミントン人生も背負ってやらなきゃいけない、と覚悟を固めたのです。

ベストパートナー、令佳

オリンピックの女子ダブルスは、16組のペアで争われます。ひとつの国から出場できるのは最大２ペアで、世界ランキングの上位のペアが代表に選ばれることになります。それに加えて、大陸枠での出場も認められています。

世界ランキングはオリンピック前年の４月下旬から５月上旬を起点として、翌年４月末までの大会で得たポイントで決定されます。ポイントを争う１年間を、私たちは「オリンピッ

左：前田美順（1985 年生まれ）　右：末綱聡子（1981 年生まれ）

クレース」と呼んでいます。

２００７年に社会人になった私は、スエマエペアの前田美順さんと選手寮で同室でした。オリンピックレースはプロテニス選手のように世界を転戦して、ポイントを積み上げていく戦いです。

日本国内で大会やリーグ戦を消化しながら、東南アジアやヨーロッパで大会に出場していくので、心身ともにタフさが求められます。

海外遠征から帰国した前田さんは、いつもガリガリに痩せて、目の下にはクマができていました。パートナーの末綱聡子さんも同じです。精気を吸い取られてしまったように、げっそりとしていました。

コーチは心配ですから、「食べろ、食べろ」と言う。それでも、私の知っているおふたりにはなかなか戻らない。その姿を見ているだけで、胸が詰まるようでした。直視できなかったというのが正直なところです。

しかも、北京オリンピックの代表レースは最後の最後までもつれました。スエマエペアは最後の大会の結果で、２番目の代表に滑り込んだのです。

オリンピックレースとは、どれだけ過酷なものなのか。１年もの間に、どれほどのストレスを抱えるのか。最後の最後まで、代表が決まらないこともあるのか。オリンピックに出るために、選手はどれほど多くのものを犠牲にしているか――。

これから自分が臨もうとしているオリンピックレースは、私が知っている大会や試合とはまったく違う次元の戦いなのだ。並大抵の覚悟と決意では、オリンピックレースは乗り切れない。

だからこそ、ダブルスではペアの存在が大切になる。

オリンピックレースの1年間は、とくに一緒にいる時間が長い。

家族よりも多くの時間をダブルスのペアと過ごす。選手としてよりもまずはひとりの人間として認め合わなければ、お互いにストレスを感じることになります。

青森山田高校で全国大会に出場したときのことです。私がシングルスの試合で負けると、応援してくれていた令佳が号泣しました。「藤井先輩が負けるところなんて見たくなかった」と言って。

卒業式のときも大変でした。「藤井先輩がいなくなるなんて寂し過ぎる」と、ここでも涙を流しっぱなしでした。

プライベートで仲が良かったわけではありません。私をリスペクトしてくれているから、負けた試合後や別れの場面で感情をあらわにしてくれたのでしょう。

悔しさの感度も似ていました。

高校時代に練習でうまくいかないことがあると、私はトイレに駆け込んでいました。誰にも見られないところで、悔し泣きをしたこともあります。

令佳も同じでした。ダブルスの練習の合間にふたりともトイレへ行って、ふたりとも泣いたことがありました。

アイドルグループとかお笑い芸人のみなさんは、公私ともに仲が良いパターンと、仕事とプライベートをはっきりと分けるパターンがあると聞きます。バドミントンの世界にも似たようなところがあり、ダブルスのパートナーとしては合うけれどプライベートは一切干渉しない、というペアもいます。最初はすごく仲が良かったのに、一緒にいるうちにお互いのことを嫌いになってしまう、というペアもいます。

家族や夫婦、恋人や親友でもそうだと思いますが、本当に些細《ささい》なことが気になることがあります。衝突したりもする。

私と令佳の関係がひび割れた瞬間もありました。海外遠征ではツインルームにふたりで泊まるのですが、ドアの閉め方に敏感に反応したり、くしゃみや咳《せき》に神経をとがらせたりしたことがあります。いつもなら何でもないことが、試合に負けた後では気に障《さわ》って仕方がない、ということがありました。

それでも、私たちの間に生じたひび割れは、ずっと尾を引くことはありません。私も彼女も、日常からの信頼関係を大切にしたかったからでしょう。

令佳とならコートの上でも外でも、お互いを認め合って進んでいける。オリンピックの出場権を取れなかったとしても、お互いを嫌いになることはないだろう、と考えました。

私の見立ては間違っていなかった、と胸を張って言うことができます。

スエマエペアが中国ペアを撃破！

令佳とのペアでダブルスに取り組んだ2008年には、オリンピックに出たい、オリンピアンになりたい、という思いを決定的にする出来事にも巡り合いました。

北京オリンピックです。社会人チームの先輩であるスエマエペアが、オグシオペアとともに女子ダブルスの日本代表に選ばれたのです。

北京オリンピックの女子ダブルスは、中国の楊維《ヤンウエイ》選手と張潔雯《チャンジーウエン》選手のペアが第1シードでした。２００４年のアテネオリンピック、２００５年と２００７年の世界選手権を制していた不動の世界一は、金メダルの大本命です。

１回戦でオーストラリアのペアに快勝したスエマエペアは、準々決勝でその中国ペアと対戦しました。バドミントンが行われた体育館はかなり大きくて、私たちの席からは選手の姿を小さくとらえられる程度です。地元・中国の大スターの登場ですから、体育館は完全アウェイです。私たちがどんなに声を張り上げても、すぐにかき消されてしまいます。

とっ、と、こ、ろ、がっ！

第１ゲームこそ８対21で落としたものの、第２、第３ゲームを連取してスエマエペアが勝ったのです！

当時の女子ダブルスは、世界のトップ４までが中国ペアでした。トップ３ではなく４番手のペアに勝つことができたら、私たち日本人選手の間では大ニュースになるぐらいです。

どうやったら勝てるのかというイメージが浮かばない相手に、同じチームのスエマエペアが勝った。それも、相手を応援する人たちで埋め尽くされた体育館で。

全身に電流が駆け抜けたかのような衝撃が走って、鳥肌が立って、興奮して、感動しました。この試合が行われた２００８年８月11日、日本のバドミントン界の歴史は間違いなく変わったのです。

不動の世界一に、日本人選手が勝つなんて。

日本人でも戦えるのだ。中国のペア相手にも、本気で勝負を挑めるのだ。

スエマエペアの背中を追いかけていけば、オリンピック出場という目標に近づくことができる。一番近いところに物差しを持つことができた私たちは、本当に幸運でした。

「あと4年しかない」

私にとっての社会人2年目、令佳がチームメイトとなった1年目の２００８年は、シングルスでも大会に出場していました。ＮＥＣ九州のコーチから「いきなりダブルスに絞らないで、もう少し両方やってみたほうがいい。２０１２年のロンドンオリンピックまでは、まだ4年もあるのだから」と説得されていたからでした。

正直に告白すれば、「1日でも早くダブルスに専念させて!」と思っていました。

私の逆算では「まだ4年もある」ではなく、「もうあと4年しかない」からです。シングルスのプレイヤーからダブルスのプレイヤーへ変わっていき、なおかつオリンピックに出場できるペアに成長するには、やらなければならないことが山積みでした。

シングルスからダブルスへ転向するのは、陸上競技の長距離選手が短距離選手になるぐらいの違いがあります。シャトルの打ち方も、まったく変わってきます。

ダブルスはラケットの面を固めて打ちます。面を作ってシャトルの方向を変えていく。基本的にどうやってカウンターを取るかという攻防なので、相手のコートにすぐに打ち返さなければなりません。リズムで言うならば、「ポンポン」になります。

私の打ち方は違いました。シャトルの勢いを吸収して狙いを定めていくのです。ためて打つという感じで、リズムとしては「ポン、ウン、ポン」になります。

その「ウン」が入ってしまうことで、相手はシャトルの行方を読み、スピードを上げて間合いを詰めてくる。前に出てきてしまうので、私たちは不利になってしまいます。

バドミントン協会の指導陣の方々には、「打ち方がダブルス向きじゃない。ダブルスでは通用しない」とも言われていました。そうやって言われるのが悔しくて、「絶対にポンポンで打てるようになってやる！」と練習しましたが、すぐには身体が対応できません。

自分ではためずに打ち返したつもりなのに、コーチに「ためてるぞ」と言われるのです。

「いえっ、ためてないです」と答える私に、「いやいや、ためているから」とコーチに指摘される。

　ええっ、全然分からない！　理解不能でした。コーチから「ためてる」と言われなくなるまでには、２年以上かかりました。

　青森山田高校では、シングルスとダブルスの両方に出場していました。ダブルスでも結果を残していました。

　社会人選手との比較で言うと、高校生はレシーブ力が低い。私がミスで自滅するようなことがなければ、シングルスのプレイスタイルでダブルスでも勝つことができました。

　これが社会人になると、レシーブ力がついてきます。高校生までのように、少ない手数ではポイントを取れません。ドロップショットとかクリアとか、細かな技術を増やしていかなければならない。ゲームのキャラクターにたとえれば、アイテム数が高校生は10ぐらいで、社会人は15から20ぐらいに増える、と言えばいいでしょうか。

　高校生当時の私は、全日本総合のシングルスで社会人選手に勝つことができました。

　２０１６年のリオデジャネイロオリンピックで銅メダルを獲得した奥原希望選手は、高校２年生時に全日本総合で優勝しています。２０１８年４月に男女を通じて日本人初の世界ランキング１位となった山口茜選手は、中学３年生時に全日本総合で勝利をつかんでいます。

シングルスでは自分のミスで崩れることがなく、戦略的に戦うことができれば、中学生や高校生が社会人に勝つことができるのです。それは決して、番狂わせではありません。

ダブルスは違います。インターハイ王者のペアでも、社会人ペアの足元にも及ばない。日本代表に選ばれるような強豪ペアに勝てないということではなく、社会人の大会で上位に食い込めないレベルのペアにも、歯が立たないのです。

ダブルスのペアとして必要なアイテムを身につけて、すべてのアイテムを世界で戦えるレベルにまで磨き上げることができるのか？　２０１１年５月からスタートするオリンピックレースに間に合うのか？

そもそも、藤井瑞希という選手にとって、ダブルスの正解は何？　どんなプレイが私には合っている？　私にとってのベストなプレイスタイルは？　何ひとつ分かりません。

私と令佳のペアの正解は何なのだろう？　シングルスで培ってきた勝ち方は、ダブルスには当てはめられません。

出口の見えないトンネルをさまよっているかのような状態で、年下の令佳を引っ張っていかなければいけない。ダブルスでオリンピックに出る、という目標を立てたことで希望に満ちた日々が始まるわけではなく、むしろ不安や焦りに絶えず襲われることになっていきます。

２００8年10月から12月にかけて行われた日本リーグには、令佳とのペアでダブルスに絞って出場させてもらいました。７試合すべてに出場して５勝２敗の成績で、私たちは敢闘選手賞に選ばれました。令佳は新人選手賞にも選出されました。けれど、トンネルからは抜け出せないのです。

日本リーグの合間に開催されていた全日本総合では、準々決勝でスエマエペアと対戦しました。０対２のストレート負けでした。国内の頂点は、私たちにはまだまだ遠かったのです。スエマエペアも決勝でオグシオペアに敗れました。オグシオさんたちは全日本総合５連覇となり、この大会をもってペアを解消することになります。

朴さんからの期待

２００8年12月に発表された２００９年の日本代表には、私と令佳も選ばれました。

4月にカナダで行われた大会で優勝していましたが、国内ではタイトルを獲っていません。日本代表に選ばれるには物足りない成績だったはずですが、朴柱奉ヘッドコーチが推薦してくれたとのことでした。あとから聞いたところによると、なかば強引にねじ込んでくれたようでした。

朴さんは1980年代から90年代にかけて、韓国代表で活躍しました。1992年のバルセロナオリンピックで男子ダブルスの金メダルを、1996年のアトランタオリンピックではミックスダブルスの銀メダルを手にしています。〝ダブルスの神様〟と呼ばれたかつての世界的名プレイヤーです。

現役引退後はイングランドやマレーシアで代表コーチを務め、2004年のアテネオリンピック後に日本代表のヘッドコーチになったそうです。

朴さんは「藤井と垣岩のペアは、世界で通用する」と評価してくれていました。成績が出ていないのに選ばれるのはちょっと申し訳ないというか、居心地の悪さを覚えるところもありましたが、だからこそもっと頑張らなければいけない。ダブルスで何度も世界の頂点に立った朴さんの言葉は、私たちにとって掛け値なしに大きな支えでした。

ダブルスのスペシャリストになるために、何から取り組めばいいのか。私がまず練習時間を割いたのはレシーブでした。ディフェンスです。

ダブルスとシングルスの大きな違いに、シャトルのスピードがあげられます。自分たちのコートに瞬間的に戻ってくるので、ディフェンスのリズムの取り方、タイミングの取り方を繰り返し練習しました。シングルスよりアップテンポの試合に対応できる身体にする、という言い方もできると思います。

フィジカル的にはパワーアップが求められます。

シングルスはフットワークを生かしたディフェンスが基本ですが、ダブルスは真正面に飛んでくる強くて速い球を食い止めるイメージです。シングルスでは下半身メインの筋力強化でしたが、ダブルスのプレイスタイルに合わせてシャトルの勢いに負けない筋力をつけていきました。肩や腕などの上半身の筋肉を大きくする作業です。

スマッシュの初速は、男子で４９０キロ、女子で３９０キロと言われています。レシーブする瞬間には10分の１ぐらいまで落ちていると言われますが、予測は欠かせません。相手が打つ前に、どこを狙ってくるのかを読むのです。

私の予測は、「観察」に基づいています。ラケットの持ち方やシャトルに対する入り方、プレイ中のクセなどから、「この入り方なら、このコースには打てないな」と考えられるコースを削っていきます。相手が狙ってきそうなコースを３つぐらいまで絞り込んで、自分に一番近いところに来る想定で準備をする。そのとおりに来れば問題なく打ち返せるし、２番目、３番目の選択肢でも予想外ではないので身体は反応します。

私自身は身体能力がズバ抜けて優れているわけでないので、「予測して対応したほうが楽」という考えで観察力を磨いていきました。バドミントンを始めた当時からの習慣で、手首の回し方、足の踏み込み方、骨盤の動かし方、といったところをチェックしていくと、「ここには絶対に打ってこない。打ってくるとしたらここだ」というコースが絞り込めるのです。

世界トップ8の壁

２００９年３月時点で、私たちの世界ランキングは23位でした。スエマエペアの11位に次いで日本人ペアでは２位ですが、ひとつの国から２つのペアがオリンピックに出場するには、世界のトップ８に入っていることが条件です。

４月の大阪インターナショナルチャレンジ選手権大会には、第１シードで出場しました。オグシオペアは解消されていて、スエマエペアもエントリーしていません。「若手にとっては存在をアピールするチャンス」と報道されていて、私たちは上位進出を期待されていましたが、準決勝で高橋礼華選手と松友美佐紀選手のタカマツペアに１対２で敗れてしまいました。２０１６年のリオデジャネイロオリンピックで金メダルに輝くふたりですが、松友選手は当時まだ高校３年生でした。

８月には世界選手権に初めて出場しました。３回戦で中国のペアに敗れて、ベスト16に終わりました。12月の全日本総合は、準決勝で敗れて３位に終わりました。

翌２０１０年１月には韓国オープンスーパーシリーズで準優勝しました。

スーパーシリーズはオリンピックと世界選手権に次ぐグレードで、Ｆ１のように世界各地を転戦して年間に10数試合を行い、最後にスーパーシリーズファイナルが行われます。オリンピックレースでもスーパーシリーズが主戦場となるので、私たちは２０１０年シーズンから本格的に参戦することにしていました。

４月の大阪インターナショナルチャレンジ選手権大会開催時の世界ランキングは、日本人ペア最高の６位でした。大会の公式パンフレットには「日本ランキング３位の若手ペア。クレバーで多くのテクニックを持つ藤井と、豪快なジャンプスマッシュが武器の垣岩。世界ランキング上位ペアと互角に戦うなど海外でも結果を残しはじめ、２０１０年スーパーシリーズの韓国オープンでは準優勝に輝いた」と紹介されました。

第１シードの私たちは、決勝でタカマツペアを破りました。２００８年４月のカナダオープン以来、２年ぶり２度目の国際大会優勝でした。

しかし、私たちの内面で自信が膨らんでいたわけではありません。両手いっぱいに手ごたえをつかんでいたわけでもありません。焦りばかりが積み上がっていました。

オリンピックを目指すという目標ははっきりしているけれど、そのための手段は相変わらず不透明なままです。自分たちにとっての正解に、辿り着けていません。舗装もされていない細くて暗い道を、ライトも地図も持たずに歩いているような毎日です。

11月のアジア大会ではベスト16に終わり、12月の全日本総合は決勝でスエマエペアにストレート負けです。

はっきりしているのは、オリンピックレースは間違いなく苛酷になる、ということでした。

徹底的に練習した代表合宿

日本代表でも、崖っぷちの立場でした。

２０１０年の日本代表にはスエマエペア、タカマツペア、内藤《ないとう》真実《まみ》さんと松尾《まつお》静香《しずか》さんのペア、それに私たちの４ペアが選ばれていました。タカマツペアは２０１０年の全日本社会人選手権で優勝しており、松尾さんと内藤さんは２００９年の全日本総合のチャンピオンです。

世界ランキングでは日本人トップでも、それは大会に出場してポイントを拾っているからに過ぎない。4つのペアに序列をつければ、私たちが4番手というのははっきりしていました。

日本代表に選ばれることは、オリンピックレースに参加する大前提です。日本代表の一員でなければ、ポイントの高い大会に出場できないからです。

結果を残せていない私たちは、いつどこでアピールするのか。令佳とは「日本代表の合宿で一生懸命に練習するしかない」と、いつも話していました。自分たちは崖っぷちまで追い込まれている、いつ日本代表から落とされてもおかしくない、という自覚に立って、とにかく合宿にはしっかり参加してアピールすることを考えていました。

ダブルスはふたりで練習するのが基本ですから、どちらかがケガをしたらアピールできません。私も令佳も長期離脱するようなケガがなく、合宿に漏れなく参加できたのは幸運でした。

朴さんがヘッドコーチになる以前は、日本代表の合宿は年に2、3回程度で、それも1週間ほどだったと聞きました。

朴さんには明らかに物足りなかったのでしょう。「代表チームで練習しなければ強くならない」と日本バドミントン協会に訴えて、活動期間を一気に年間２００日ぐらいまで増やしたそうです。

日本代表選手が出場する大会も見直し、トップレベルの選手が集まる大会に積極的にエントリーするようになりました。「小さな大会で世界ランキングのポイントを稼ぐよりも、負けてもいいからグレードの高い大会に出て、世界のトップレベルを肌で感じるべきだ」というのが朴さんの考えでした。

練習も厳しかった。「地道な練習を最大の集中とスピードでやらなければいけない」というのが朴さんの方針で、合宿中はひたすら練習、練習、練習です。

バドミントンの国際大会は、本選は１日１試合と決まっています。試合が終わったらリカバリーをして翌日に備える、というのがパターンなのですが、日本代表の合宿では試合形式の練習後すぐにインターバルトレーニングをやったりします。

試合形式の練習も、本番さながらです。私たちも相手もアピールをしたいので、熱のこもった展開になり、３ゲーム目までもつれたりする。足が痙攣するぐらいまで走りきった後に、すぐまた走り込みということも例外ではありません。

日本人のコーチなら、「社会人チームから預かっている選手に、ケガをさせちゃいけない」という気配りが働くと思います。朴さんも選手のコンディション管理には気をつけていたのでしょうが、「もうこれ以上はホントにできない！」というところまで追い込まれました。科学的な根拠を裏づけにしているというよりも、根性論に基づいたトレーニングだったように感じます。

毎日、毎日、キツくて、キツくて、身体が壊れそうになるけれど、私には朴さんの練習が合っていました。与えられた分はやり切るタイプなので、日本代表の合宿に行けば自分を追い込める、と考えることができたのです。

朴さんは私たち選手に、「練習で自分に負けたら、試合で相手に勝つことはできない」と話していました。バドミントンは1試合30分もかからずに終わることもあれば、1時間半を超えることもあります。競った試合になればなるほど、「あれだけキツい練習をやり切ったんだから、まだできる」と思えるようになっていきました。

初めて令佳がホンネで話してくれた日

そうやって死に物狂いで練習をしても、なかなか結果に結びついていきません。目標からの逆算で結果を残してきた自分からすると、アプローチの仕方が分からないのがとにかく辛かったです。

ペアを解散しようか、と話したこともあります。私たちが力を出し切れていないことで、社会人チームのコーチに「これからどうするのか、ふたりで考えろ！」と厳しく言われました。強い口調は、期待の裏返しだったのかもしれませんが。

私は令佳と一緒にオリンピックに出たい。その気持ちで頑張っている。だから、他の選手とオリンピックを目指す選択肢はないし、令佳が嫌なら解散でもいい。他の選手と目指したいなら、遠慮なくそう言って――。

そう伝えました。自分の意思を押しつけたくなかったし、令佳の好きなように決断してもらいたかったのです。

令佳は「続けたい」と言ってくれました。私は「その気持ちに応えるために、もっと頑張る」と伝えました。勝てない、なんで？　どうしよう？というような日々は続いていましたが、信頼関係という糸はもつれることはあっても切れません。それは間違いなく、私たちがダブルスを組む土台となっていました。

パワフルなプレイスタイルからは想像できなかったかもしれませんが、令佳はとてもマイペースな性格です。私からすると、「えっ、何してるの？　もうオリンピックレースまで時間はないよ」という感じで、いつも背中を押していました。ときにはキツい言葉で強く仕向ける必要もあるのですが、「私よりも監督に言われたほうが効く」という場面もあります。

ところが、所属チームの監督は「フジカキペアは瑞希が作るんだ」というスタンスでした。私を信頼してくれているからこその〝お任せ〟だったのでしょうが、私も精神的に余裕があるわけではありません。むしろ、いっぱいいっぱいの状態で走り続けています。

私は監督に迫りました。

「監督からポンと言ってもらったほうが、令佳には効きますからお願いします」

「いやでも、日本代表に行っているときは見ていないからな……」

「それでも、お願いします！」

監督は不《ふ》承《しょう》不《ぶ》承《しょう》という感じでアドバイスをするのですが、明らかに遠慮がちなのです。

それが私には、ひどく物足りません。

「令佳はガツンと言われると、気持ちが引き締まって成績が良くなるじゃないですか？　なんで怒らないんですか？」

「いやだから、令佳がいつもどんな感じでやっているのか、把握できていないだろう？」

「でも、同じことを他の選手がやったら、絶対に怒るじゃないですか？　怒られたあとの令佳は調子が良くなるって分かっているのに、どうして監督は言ってくれないんですか！」

こんなやり取りが何度も続くのでした。

令佳は小学校の卒業文集に、「将来の夢はオリンピックで金メダルを獲ること」と書いたそうです。その思いはずっと彼女の胸で温められていて、コートの上で爆発させるその瞬間が近づいているのに、思いと行動が重ならないことがあるのです。

「もう最高じゃん！」という試合があれば、「ええ、どうして？」という試合もある。好不調の波が大きくて、私自身もその波に翻弄されてしまう。

プレイの波をできるだけ抑えて、スタンダードを上げるためには、指摘をしなければいけない。それはホントにストレスでした。怒ることにはパワーが必要で、怒った後はとても嫌な気持ちになりますから……。

令佳には繰り返し同じ話をしました。

「オリンピックに行かなくていいのなら、こんなに怒らない。好きな令佳と楽しくやれればそれでいい。でも、オリンピックを目指すなら、いまのままじゃダメだよね？　だから私は何度でも言うよ」

バドミントン選手として優れているだけでは、オリンピックの舞台には立てない。ダブルスを組んでいる以上は、人間的に好きな人ともぶつからなければならない。嫌だと思われることも、ズバリ言わなければいけない。そうやってオリンピックに対する思いに温度差を作らずに、同じ熱量でコートに立つことで、私たちの道は開けていくと自分に言い聞かせていました。

ロンドンオリンピックの出場権を懸けたレースは、２０１１年5月にスタートします。その前にもうひとつ、令佳とのコミュニケーションを改善しました。

ダブルスのペアを組むにあたって、私は令佳に「敬語は使わなくていいからね」と伝えました。ふたりで手を取り合って頑張っていきたいからで、コートを離れれば和気あいあいと過ごせる関係を作ることができていました。

ただ、青森山田高校から続く先輩と後輩の関係を完全に取り除くのは、令佳にとって難しい作業のようでした。試合が終わってふたりで振り返ると、話をするのは私ばかりなのです。練習にはしっかり取り組んでくれているけれど、ダブルスのペアを発展させるためのアイディアが、なかなか出てきません。「こうしたらいいかな？」「いや、ああしたほうがいいんじゃない？」といったやり取りが成立しないのです。

令佳は本心を隠し通せるタイプではないので、負けた試合後は表情にモヤモヤがこぼれています。彼女なりの考えは必ずあるに違いないので、「遠慮しないで意見を出し合おうよ」と促します。ところが、答えはいつも同じなのです。

「いえっ、何もないです……」

オリンピックレースが始まるまでに、気兼ねなく意見できる雰囲気を整えないと。「今日は何が何でも意見を言わせよう」と心に決めて、私は令佳と向き合いました。２０１１年の３月だったと思います。

「私の思いはこうだけど、令佳はどう思う？」

彼女は何も言いません。ここで私が「今日の試合は第２ゲームのあそこがポイントだったから……」などと切り出したら、いつものパターンが繰り返される。テレビもつけていないし、エアコンもかけていないので、室内には何の音も響いていません。お互いの携帯電話もマナーモードにしているので、ときおりブルッと震えるだけです。

質問の方向を変えたりしながら、令佳が口を開くのを待ちました。

3時間、かかりました。

バドミントンに対して感覚的ではなく理論的にアプローチする私は、一つひとつのプレイを「こういう意図があってこういうふうにやったのだろうな」と分析します。令佳がミスをした場面でも、「あのときはこういう気持ちだったから、こう打ったんじゃないの？」と聞いたりしていました。それがほとんど当たっていたので、彼女は「自分が言っても結局は同じことになっちゃう」と考えていたそうでした。「藤井先輩より劣っている自分が、こうしたいって意見するなんてとんでもない」と思っていたとも。

3時間待ち続けて出てきた答えは、私も「そうだな」と思えるものでした。彼女は間違っていないし、劣ってもいない。その事実を知ってもらったことに、とても大きな意味がありました。

令佳のプレイは変わりました。それまで抱いていた「自分は正しいのかな」という不安が「自分も合っているのだ、否定されないのだ」に変わったことで、好不調の波が小さくなりました。背筋がピンと伸びて、プレイからも自信がうかがえます。苦しい局面になると私を頼ることもなくなり、自分でどんどん問題を解決するようになりました。

□ロンドンオリンピックへの道

　ロンドンオリンピックに出場するには、世界バドミントン連盟（ＢＷＦ：Badminton World Federation）が定めた対象大会に出場してポイントを獲得していくことが必要です。ポイントは大会のグレードによって違います。

　全英オープンを例にとると、優勝すれば１２０００ポイント、準優勝で１０２００ポイント、ベスト４で８４００ポイント、ベスト８で６６００ポイントとなります。優勝とベスト８では、５４００ポイントの開きがあります。ベスト16では４８００ポイント、１回戦負けに当たるベスト32では３０００ポイントですから、自分たちは早々に敗れてライバルが上位に勝ち上がると、全英オープンだけで獲得したポイントにかなりの差が生じることになります。

　グレードの高い大会としては世界選手権やスーパーシリーズがあげられますが、スーパーシリーズのなかでもポイントの高い大会は、出場できるペア数は「32」です。世界ランキングの1位から32位までの全ペアがエントリーしたら、33位以下のペアは出場できません。つまり、1年間を通して安定した成績を残し、高ポイントの大会に出場できる権利をキープすることが大切になります。

ひとつの大会で高ポイントを稼げば、ランキングを一気に上げることができます。ただ、グレードの高い大会はランキングの上位ペアが集まるため、勝ち上がるのが難しくなります。それならば、とランキングの上位ペアが少ないグレードの低い大会に出場して、ポイントを稼ぐという考え方もあります。たとえばグレードがもっとも低い大会で優勝すると、５５００ポイントを獲得できます。さきほど紹介した全米オープンではベスト16とベスト８の間のポイントですから、どちらがいいのかは判断が分かれるでしょう。

ロンドンオリンピックのレースは、２０１１年５月２日から２０１２年４月29日までに獲得したポイントで決定されました。世界ランキング上位のなかで、１か国からエントリーできるのはシングルスが最大３選手、ダブルスは最大２ペアでした。

オリンピックレースの開幕を前にして、私たちは状態が上がっていることを実感できていました。３月上旬にドイツオープンで優勝し、翌週の全英オープンではノーシードから勝ち上がって準優勝しました。ドイツオープンは小さなトーナメントですが、全英オープンは強豪が本気で優勝を狙ってくる大会です。日本人ペアの女子ダブルスでの決勝進出は、１９９１年以来とのことでした。

４月にはインドオープンでも準優勝しました。決勝でスエマエペアに競り負けましたが、５月からのオリンピックレースへの確かな助走となりました。

熾《し》烈《れつ》だった日本人ペアとのレース

バドミントンの世界ランキングは、１週間ごとに更新されていきます。オリンピックレース開始直後の２０１１年５月５日のランキングは、スエマエペアが３位で私たちが４位でした。松尾さんと内藤さんのペアは８位で、タカマツペアは16位です。

スエマエペアとのポイント差は約７５００ポイントで、松尾さんと内藤さんのペアとの差は８０００ポイント強でした。スエマエペアに追いつくことは可能ですし、松尾さんと内藤さんのペアに追いつかれることもある。20前後ある大会の一つひとつで、安定して結果を残していく必要がありました。

オリンピックレースでは短くても２週間、長ければ１か月以上も海外の都市を転戦します。

飛行機での移動も続くので、ベストコンディションで臨めない試合もあります。むしろ、ベストコンディションではない状態での戦いが多いかもしれません。

だとすれば、ある程度の割り切りが必要になるだろうと考えました。いつでも優勝を狙って、ベスト4だった、ベスト8だったとなると、「うまくいかなかった」という思考に陥って、メンタル的なダメージが大きいからです。

これから1年間はひと月に少なくても2回、全身が痺れるような過酷な試合に挑むことになる。気持ちの切り替えが大切になる、と私は考えました。

世界のトップレベルのなかに私たちを置いてみると、一度も負けずに大会を終える＝優勝することよりも、どこかで負けてしまうことのほうが多い。ということは、いかに負けを受け入れて、引きずらないことが、オリンピックレースを乗り切るための心構えになります。

オリンピックレースを戦う1年間という時間で、一人ひとりの技術が飛躍的に向上することはない。だからこそ、負けてもショックの度合いが大きくないペアほど、世界ランキングで上にいけるはずだ、と考えました。

ポイントを獲得するための、私たちなりの戦略も立てました。

バドミントンは室内競技ですが、国や地域によって条件は変わってきます。

東南アジアは蒸し暑い気候のためか、空調がすごく効いている印象がありました。その影響で、シャトルのコントロールが難しいのです。私たちのペアはあまり得意でない環境なので、「東南アジアの大会ではベスト８ぐらいでもいい」と考えることにしました。

その代わりに、「秋から冬にかけて増えていくヨーロッパの大会で、ベスト４以上に勝ち残っていく」という戦略を立てました。「東南アジアに比べて小さいサイズの体育館が多くて、私たちにはやりやすい環境だから、しっかりベスト４以上は取ろう」と。

もっとも、嬉しい誤算とでもいうべきか、レース序盤からポイントを積み上げていくことができました。

スーパーシリーズで転戦した６月のシンガポールでは、松尾さんと内藤さんのペアと並ぶ日本人最高のベスト４に食い込みました。１週間後のインドネシアでも、日本人最高のベスト４入りを果たしました。「ベスト８でも十分」と目論《もくろ》んでいた大会ですから、私たちからすればボーナスポイントを獲得したようなものです。

インドネシアでの準々決勝は、松尾さんと内藤さんのペアとの直接対決でした。この大会を前にした世界ランキングは、私たちが４位で松尾さんと内藤さんが５位でした。ポイント差は２５００ほどしかありません。

日本人ペアとの対決は、勝てばオリンピックレースで相手を引き離すことになりますが、負けるとリアルに一歩後退した感覚になります。試合が終わった直後は生々しい感情が交錯して、負けると自分をコントロールできないほどです。

しかも、日本代表の合宿で一緒に練習をして、社会人チームでも何度も対戦していますから、お互いの手の内を知り尽くしています。

そういう意味でも、すごく、すごくやりにくい。

ロンドンオリンピックのレースに挑んでいた日本人の４ペアは、ライバルでありながらギスギスとしたところがなく、とても仲が良かったと思います。日本代表の合宿では、みんなで励まし合いながらキツい練習を乗り越えていきました。

それだけに、直接対決は勝っても、負けても、気詰まりな思いが胸に広がります。同じ会場で観ているだけでも、何だか息苦しくなるようで……。日本人ペアとはホントに当たりたくない、といつも思っていました。

日本代表のスタッフも、日本人ペアの対決は避けたかったに違いありません。

朴ヘッドコーチをはじめとするスタッフも、オリンピックレースの海外遠征に帯同します。外国人ペアとの対戦ではコートに入ってアドバイスをしてくれますが、日本人ペア同士の対戦では試合に関わりません。どちらのペアにも、肩入れをしないのです。

私が令佳との信頼関係を大切にしたのは、まさにこれが理由でした。

オリンピックレースでは、日本人ペアとの対戦が避けられない。そのときに、ふたりで問題を解決できるようにしておかないと、絶対に自分たちが苦しむことになるからです。

所属チームの監督やコーチからも、「最後はふたりで乗り越えるしかないんだよ」と言われていました。私たちのチームからはスエマエペアが北京オリンピックに出場していたので、日本人同士の対戦がどういうものになるのかを分かっていたのでしょう。

ついにランキングが日本人ペア1位に

オリンピックレースがスタートしてから、世界ランキングは日本人1位がスエマエペア、2位が私たち、3位が松尾さんと内藤さんのペアで推移していきましたが、9月末にはスエマエペアを抜いて日本人ペア1位になりました。9月中旬の中国オープンとその直後のヨネックスオープンジャパンで、日本人最高のベスト4入りしたことがランキングに反映されました。

10月下旬にはフランスオープンでベスト４まで勝ち残り、11月上旬にはドイツでのビットブルガーオープンで優勝しました。

世界ランキングは私たちが３位でスエマエペアが５位、松尾さんと内藤さんが６位か７位、という立場でオリンピックレースの後半が進んでいきました。順位から見るとすごく拮抗《きっこう》した争いですが、私たちはポイントでかなり差をつけていました。

ポイントは毎週更新されていくのですが、その仕組みは前年との相殺《そうさい》です。たとえば、１年前に１００００ポイントを稼いだ大会で、今年は５０００ポイントに終わると、その週は５０００ポイントのマイナスになります。ひとつの大会でたくさんのポイントを稼げばランキングは跳ね上がりますが、翌年の同時期に一気にランクダウンするリスクを背負うわけです。

私と令佳のペアが幸運だったのは、優勝や準優勝の回数が決して多くなかったので、大幅にポイントが減ってしまうタイミングがないことでした。基本的に上積みしかなく、レース序盤にしっかりとポイントを稼ぐことができたので、11月から12月あたりで国内の２位以内はほぼ確定していました。

北京オリンピックのレースに挑んでいたスエマエペアは、海外遠征から帰国するたびにガリガリに痩せていきました。肉体的に疲れているのはもちろんですが、精神的なストレスに栄養を吸い取られてしまっているようでした。

ロンドンオリンピックの出場を目指す1年間で、自分たちも同じような思いを味わうに違いない。私たちは本命でも対抗でもないのだから、苦しい思いを味わわないはずがない。

令佳とは冗談交じりに、「レース前に少しぐらい太っていても、始まったら絶対に痩せるね」と話していたものでした。ところが、意外なほどスムーズに代表圏内を確保できたので、痩せたことを実感できていないのです。「痩せてないよね、ウチら？　ストレスを感じていないのかな」と、ふたりで顔を見合わせて苦笑いしていました。

ここから先はケガをしないように気をつけながら、ランキングをキープするためのポイントを稼いでいきます。そのうえで、来るべきときへ備えていきます。「オリンピックでいざ対戦したときに、このペアに勝つためにはどうプレイしようか」ということを、令佳とふたりで考えるようになりました。

２０１１年12月のマスターズファイナルで、デンマークのクリスティナ・ペデルセン選手とカミラ・リターユール選手のペアにストレート負けしました。彼女たちは世界ランキングのトップ10をキープする実力を持ち、大会ではベスト8やベスト４の常連でした。ちなみに、

2016年のリオデジャネイロオリンピックでは、タカマツペアと決勝で激突することになります。

2012年1月のマレーシアオープンでも、準々決勝でぶつかりました。結果は9対21と19対21のストレート負けだったのですが、私たちは「これをやってみよう」、「あれもやってみよう」と、色々なプレイを試していきました。相手のリアクションを見ることができて、この時期の対戦がロンドンオリンピックで生きてくることになります。

残る出場枠ひとつをめぐって

私たちはオリンピックレースを早く抜け出しましたが、ふたつ目の争いは最終盤までもつれました。スエマエペアと松尾さんと内藤さんのペアが、ときには100ポイントにも満たない差で競り合っていたのです。

スエマエペアがリードをして、オリンピックレースの最後となるインドオープンを迎えました。日本からは私たちとタカマツペアを含めて、4ペアが出場します。スエマエペアと私たち、それにタカマツペアは1回戦を勝ち上がりましたが、松尾さんと内藤さんのペアは1

回戦で中国ペアに負けてしまいました。

日本人ペアの試合では、他のペアはひとかたまりになって応援します。けれど、このインドオープンは難しい状況になりました。私自身は細かなポイント差を把握していませんでしたが、スエマエペアが勝ち上がれば松尾さんと内藤さんのペアとの差は広がり、そのままふたつ目の出場枠を手にすることが決まります。

同じ社会人チームに所属して、ずっと背中を追いかけてきたスエマエペアと一緒にオリンピックに出場できれば、私たちにとっては最高のフィナーレです。けれど、日本代表として世界を転戦してきた松尾さんと内藤さんのペアとも、タカマツペアとも、心の通った関係を築くことができていました。オリンピック出場を争うライバルではあるけれど、日本代表の大切なチームメイトでもありました。

それだけに、２つのペアがオリンピックに出られて、もう２つのペアは出られないという現実が、レースが終わった瞬間にずっしりと重く襲いかかってきました。こんなにも残酷なことがあっていいのか、というのが私の正直な思いでした。

松尾さんと内藤さんのペアに、どんなふうに声をかければいいのだろう。彼女たちの頑張りを間近で見てきただけに、「お疲れさま」のひと言ではまるで足りないのです。労いとか励ましが、そもそもいまこのタイミングにふさわしいのだろうか。

先輩ペアと一緒にロンドンへ行けるのは嬉しかったけれど、それはもう何とも表現できない感情が胸のなかで渦巻きました。

第４章

なぜ右肩上がりに世界で結果を残しているのか？

代表決定後に訪れた危機

オリンピックレースが終わると、猛烈な脱力感に襲われました。

シングルスで戦っていた当時の私は、自分を追い込むのが苦手でした。練習でも「今日はこれぐらいでいいかな」と、セーブしてしまうことがありました。

令佳とペアを組んだ２００８年から、思考回路を組み直しました。「オリンピックに出るためには、１日も無駄にできない」という気持ちでバドミントンと向き合ってきました。自分自身をダブルスのプレイヤーに作り替えながら、ふたりのコンビネーションを高めて、国際大会で勝負できるアイテムを増やしていきました。「今日はちょっと練習で手を抜いちゃったな」という日は、１日もなかったと胸を張ることができます。できることはすべてやる、というスタンスでした。

大会ではプレッシャーも感じていました。

バドミントンは個人競技なので、国際大会では「日本代表」というよりも「フジカキペア」として戦う気持ちが大きい。「国を背負っているのだから負けられない」とか「日本代表の一員として恥ずかしいプレイはできない」といった意識に、身体が縛られるようなことはないのです。私たちの実力でそんなことを考えるのはおこがましい、とも思っていました。

国内の大会でも、気持ちは変わりません。ただ、周囲の視線が違うのです。

「日本代表に選ばれているフジカキペアに勝ってやろう」という意気込みで向かってくる相手がいて、「負けて元々だから失うものはない」という伸び伸びとした気持ちで臨んでくる相手がいます。それに対して私たちは、「日本代表に選ばれているのだから、負けるわけにはいかない」というメンタリティを拭い去ることができません。

私自身はプレッシャーを感じるタイプではないのですが、日本国内の大会では精神的にキツいものがありました。「日本代表なのに負けた」とは、やはり言われたくありません。

オリンピックの出場権を得るために費やした日々は、私の心を確実に削り取っていたのでしょう。レースを戦っている間はストレスを感じなかったけれど、それでも確実に身体は疲弊していたのです。それゆえの、バーンアウトでした。

練習に身が入らない。やる気が出ない。

燃え尽きるってこういうことを言うんだ、と強制的に気づかされました。

たぶんそれは、オリンピックの出場権をつかむことがターゲットだったからなのでしょう。

オリンピックレースが終わった瞬間に、私の気持ちはゴールテープを切ったのです。モチベーションが枯れてしまうのは当然でした。

気持ちのスイッチを、早く入れ直さなければいけない。けれど、スイッチは見つかりません。1日、1日と過ぎていくうちに、「このままじゃまずい」という気持ちがどんどん積み上がっていきます。1週間が経ち、2週間が過ぎても、練習に打ち込めません。こんな姿でオリンピックに出てもいいのかな、という不安が恐怖に変わりそうになっているところで、コーチに告白しました。私の声は不安で揺れていたはずです。

「もう全然、練習に身が入らないのです。どうしたらいいですか……?」

コーチはびっくりするわけでなく、慌てるわけでもなく、私に言いました。

「ここから調子を上げていって、また自信をつけていかなきゃいけない、と瑞希は思っているのかもしれないけれど、オリンピックまでの2、3か月で突然パワーアップするとか強くなるとかいうことは、瑞希も他の選手もない。オリンピックレースは大変だったのだから、やる気が湧かないということもあるかもしれない。それに、オリンピックが近づいてきて合宿に入ったりしたら、身体も気持ちも自然と盛り上がってくる。いまは、ケガさえしなければいいんだよ」

心にのしかかっていた焦りとか恐怖といったネガティブな感情が、ゆっくりと溶けていくようでした。それからは、「あれをやらなきゃ、これもやらなきゃ」と自分を急《せ》き立てるのではなく、与えられたものを丁寧にやっていくことに集中します。自分を追い込まずに、焦らずに過ごしているうちに、やる気が充電されていきました。

なおも不安があったとすれば、令佳のプレイでした。

オリンピックレースの終盤から、好不調の波が激しい昔の彼女に戻ってしまっていたのです。オリンピックに出られるという安心感によるものでしたが、理想の令佳と理想のダブルスから遠ざかっていることに、私は不安をかき立てられました。

バドミントンを始めてからこのときまで、オリンピックでメダルを獲りたいとは一度も考えたことがありません。オリンピックに何度も出たいとも思っていなくて、私にとってはロンドンが最初で最後のオリンピックだと決めていました。

私の気持ちは令佳にも伝えてあります。

メダルなんて望める立場ではないけれど、一度きりのオリンピックで悔いなく戦いたい。

そのためには、令佳にも好調時のパフォーマンスを取り戻してもらわないと。キツく受け止められるのは覚悟で、厳しく指摘しました。オリンピックのコートに立つその日まで、できることはすべてやっておきたい、という一心でした。

朴さんの言葉に救われた

ロンドンオリンピックのバドミントンには、男子シングルスの佐々木翔《ささきしょう》さんと田児賢一《たごけんいち》さん、女子シングルスの佐藤冴香《さとうさやか》選手、男子ダブルスの佐藤翔治《さとうしょうじ》さんと川前直樹《かわまえなおき》さんのペア、ミックスダブルスの池田信太郎さんと潮田玲子さんのペア、それに女子ダブルスの前田美順さんと末綱聡子さんのスエマエペアと私たちフジカキペアが出場することになりました。出場する選手・ペアのなかで、世界ランキングがもっとも高いのは私たちでした。だからといって、メダルが取れるなんて考えてもいません。

代表決定を受けた記者会見で、スエマエペアの末綱さんは「悔いなく自分たちらしく戦って、メダルという結果がついてくれれば」と話していました。私の1学年下で世界ランキング8位の田児さんも、用意された色紙に「金」と書いていました。

私たちはどうだったかというと、記事になりにくいようなことしか言っていません。「とにかく出し切ろう」という気持ちでした。

オリンピックが行われるロンドンへ到着して、ヘッドコーチの朴さんと個別に話をする機会がありました。朴さんは雑談をするような口調で、私たちがびっくりするようなことを言いました。

「今回の日本代表で、あなたたちが一番メダルに近いのは分かっていますよね？」

えっ？　メダルに近い？　ウチらが？　令佳と思わず顔を見合わせました。何も答えられずにいると、朴さんは子どもを諭すような表情を浮かべます。

「そう、あなたたちは一番メダルに近い。だからやってみて、やってみて。やろう、やろう」

私は２００９年から朴さんの指導を受けてきましたが、ネガティブなことを言われた経験は一度もありませんでした。コミュニケーションは日本語と英語をごちゃ混ぜにしたものですが、いつも言ってくれたのは「できるよ」とか「挑戦して」とか「やってみよう！」でした。

日本人の指導者の場合、年齢を重ねた選手を尊重するところがあります。選手に任せる、と言えばいいでしょうか。たとえば、第１ゲームを落とした後のインターバルの時間も、選手たちが話しているのをじっと聞いているような。

朴さんは違います。

世界ランキングが私たちより上位の中国人ペアとの対戦で、第1ゲームで完膚《かんぷ》なきまでにやられてしまったとします。普通はアドバイスを見つけにくいものです。私たちが自滅したのならともかく、第2ゲームから巻き返すには力の差があり過ぎるので……。

そういう試合でも、朴さんは「トライしよう！　できる！」と言い続けるのです。私たちの顔を交互に見つめながら「負けるのは仕方がないけれど、次につながる何かを得られるためにトライしてきて！」と繰り返してくれました。中島慶《なかしまけい》コーチも同じテンションで、私たちを叱咤激励してくれるのです。

ゲームとゲームの間のインターバルも、おふたりはずっと喋り続けています。「ギャンギャン」という表現が似合うぐらいの勢いです。「この試合展開でそこまで……？」と拍子抜けするぐらい真剣に言ってくれるので、思わず笑ってしまいそうになることさえありましたが、私は朴さんと中島コーチの声掛けが好きでした。「最後まで諦めないで、頑張れ、頑張れ！」と言い続けて、私たちと一緒に戦ってくれていたからです。

メダルは意識しなかった

ロンドンオリンピックのバドミントン競技は、開会式翌日の７月28日にスタートしました。女子ダブルスは16ペアが４つのグループに分けられ、１回戦総当たりのリーグ戦を戦います。各グループの上位２ペアが決勝トーナメント準々決勝に進出し、ここからは一発勝負のノックアウト方式となります。

グループリーグの組み合わせ抽選は、７月23日に行われました。世界ランキング１位と同２位の中国ペア、それに同３位の韓国ペアとともに、同５位の私たちはシードになりました。彼女たち３ペアとの対戦は、準々決勝以降になります。

試合は28日からなので、対策を練る十分な時間はありません。ただ、条件はすべてのペアに共通ですし、対戦したことのあるペアばかりなので、予想される試合展開はイメージできます。

あとは、どのペアと同じグループになるか。同じ国のペアが、同じグループに入ることはありません。

私たちが絶対に避けたかったのは、デンマークのクリスティナ・ペデルセン選手とカミラ・リターユール選手のペアです。彼女たちとは3度対戦して、すべて負けていたのでした。「彼女たちだけは絶対に私たちのグループに入ってこないで」と祈っていたので、インド、シンガポール、チャイニーズタイペイのペアとのグループは悪くないものでした。どのペアにも勝ったことがあり、苦手意識はありません。組み合わせが決まった瞬間、令佳と「ラッキー！」と手を握り合いました。

ちなみにデンマークのペアは、スエマエペアと同じグループになりました。世界ランキング3位の中国ペアを含めて、実力と実績のある3ペアが同居した〝死のグループ〟です。

現地入りしてから28日の初戦までは、いつもの海外遠征と変わらないリズムで過ごすことができました。日本を含めた各国の選手たちを取り巻く空気感も、普段どおりです。

というのも、バドミントンは選手村に入らなかったのです。

テレビなどで伝えられる選手村は、オリンピックならではの楽しみに溢れたイメージがあるかもしれません。競技の枠や国籍を超えて選手同士が仲良くなったり、ボランティアの方々とも交流したり。きっとそれは素晴らしい体験なのでしょうが、やはり「異空間に来た」という感じは強いと想像します。「日本を代表する選手のひとりとして、応援してくれるみなさんの期待を背負って戦う」という意識は、日増しに高まっていくでしょう。知らず知らずのうちにプレッシャーが迫ってきて、気がついたら身体も心もガチガチになってしまうかもしれない。

その意味で、私たちの環境は申し分のないものでした。

選手村ではなくホテルに滞在して、会場のウェンブリー・アリーナには歩いて通う。家族も同じホテルに泊まっていたので、会いたかったら「ロビー集合ね」でＯＫです。セキュリティが厳重な選手村にいたら、家族と気軽に会うことはできません。

しかも、ウェンブリー・アリーナは前年の世界選手権の会場です。会場の雰囲気も分かっているので、戸惑うことはありません。

令佳とペアを組んでから、この舞台を目標にしてきました。そして、オリンピックは今回限りと決めていました。２度目はないと自分で決めていたので、私たちらしく一生懸命に戦う、ということだけを考えていました。朴さんは「メダルに近い」と言ってくれましたが、私の頭には「メダル」の三文字は浮かんでいません。

「チャンスがないわけではないな」とは思っていました。第１シードの中国ペアを除けば、ほとんどのペアにも一度は勝ったことがあるからです。だからといって、メダルを取りにいくつもりはありません。あくまでも「自分たちのベストを目の前の試合にぶつけていく」というのが私たちのテーマでした。

得失点差でトーナメントに進出。そして……

バドミントンの国際大会では、1日に1試合ずつ消化していきます。28日の初戦は、インドのジュエラ・グッタ選手とアシュウィニ・ポンナッパ選手のペアが相手でした。前年の世界選手権で3位になっていたペアですが、2対0でストレート勝ちしました。

翌日はシンガポールのペアが相手です。第1ゲームを失ったものの、2ゲーム連取して逆転勝ちしました。

2試合を終えた時点で、2連勝の私たちは首位です。インドのペアとチャイニーズタイペイのペアが1勝1敗で、シンガポールのペアは2連敗でした。

グループリーグの最終日、最初に私たちとチャイニーズタイペイのペアの試合がありました。第1ゲームを接戦の末に19対21で失うと、第2ゲームは粘り切れずに11対21で落としてしまいます。

私たちの試合から5時間後、インドのペアがシンガポールのペアを下しました。チャイニーズタイペイのペア、インドのペア、それに私たちのペアが2勝1敗で並びました。第2ゲームの点数が少なかったこともあって、令佳とは「もう終わりだね、2位以内はないね。でも、頑張ったよね。お疲れさま」なんて話をしていたのですが、中島コーチが叫ぶのです。

「得失点差で上がれたぞ！」

私たちは得失点差がプラス4で、インドのペアはプラス3です。わずか1ポイント差で、グループ2位に滑り込んだとのことでした。

えええっ！　そんなことがあるの？　オリンピックは何が起こるか分からない――自分たちの勝ち上がり方に驚いていたその夜、さらに衝撃的なニュースが飛び込んできました。グループAの世界ランキング1位の中国ペアと8位の韓国ペア、それにグループCの韓国ペアとインドネシアのペアが、準々決勝以降の組み合わせを有利にするために無気力試合をしたのです。準々決勝進出を決めていたその4ペアは、世界バドミントン連盟から失格処分を受けました。

オリンピックの女子ダブルスがグループリーグとノックアウト方式で争われるのは、このロンドン大会が始めてでした。「同じ国の選手同士がトーナメントで当たらないように、勝敗を調整して相手を選ぶ事態が起こるかもしれない」とも言われていたのですが、まさか本当にそんなことが起こるとは……。

準々決勝の相手は、スエマエペアのグループの1位でした。あのデンマークのペアです。

グループリーグの最終戦で中国ペアを破った彼女たちは、勢いに乗っていました。

令佳とは「楽しもう」と話しました。一度はグループリーグ敗退を覚悟した立場でもう一回チャンスをもらったんだから、とにかくバドミントンを楽しもうと。

第1ゲームはシーソーゲームになり、先にゲームポイントを握りました。一度は20対20に追いつかれたものの、22対20と突き放して先行します。第2ゲームは8対8から連続でポイントを取り、21対10でベスト4入りを決めました。オリンピックレース終盤の対戦で、彼女たちを攻略するためのテストをしていたことが奏功したのでした。

北京オリンピックのスエマエペアに続いて、ベスト4入りを果たすことができました。デンマークのペアに勝てたね、先輩たちに肩を並べることができたね、という素直な喜びに包まれるはずですが、私の心には靄《もや》がかかっていきます。それまで感じていなかったプレッシャーが、巨大な塊となっていきなり襲いかかってきました。

準決勝の相手は、無気力試合のおかげでベスト8に繰り上げられたカナダのペアになりました。世界ランキングは27位で、大陸枠で出場しています。グループリーグでは1勝もしていなくて、同じように繰り上げで準々決勝に出てきたオーストラリアのペアに勝ったのでした。

客観的な力関係の比較では、私たちが上です。自分たちの力をきちんと出せば、負けるはずはありません。準決勝に勝って決勝へ行くことは当然で、試合前から「日本バドミントン界初のメダル確定」という雰囲気が急速に広がっていきました。

メディアの人たちは、プレッシャーをかけてはいけないと気遣ってくれているのか、そこまではっきりと言いません。それでも、質問の内容や話の方向性で、「ああ、この人たちは負けるはずがないと思っているな」ということが感じ取れます。

気持ちよりも先に身体が、危険信号を発しました。

試合前日にシャワーを浴びていると、いきなり息苦しさに襲われました。もうこの時点で、プレッシャーに押し潰されそうなのです。開幕前は「獲れたらいいな」くらいにしか考えられなかったメダルは、「獲らなきゃいけない」ものに変わったのです。試合を迎えることが怖かった。

8月2日の準決勝は、その日の最終戦でした。日本勢では男子シングルスの佐々木さんが準々決勝に登場して、世界ランキング1位の中国人選手と息詰まるような熱戦を繰り広げました。第3ゲームまでもつれた末に敗れてしまったのですが、素晴らしい戦いでした。けれど、日本選手団で勝ち残っているのは私たちだけになりました。違う種類のプレッシャーが、またひとつ加わりました。

胸のなかで吹き荒れる不安の嵐に、私はほとんど負けそうになっていました。すっかり弱気になっている先輩とは対照的に、令佳は前日から平然としていました。「藤井先輩、大丈夫ですよ。リラックス、リラックス」なんて言うのです。

「ホントに？　ホントに大丈夫なの？」という感じでしたが、いざ試合が始まってみると不思議なほど緊張はありません。朝食はいつもどおり食べられたのか、試合前の練習はルーティンをこなせたのか、朴さんからどんな話があったのか、何ひとつ覚えていなかったのですが、第1ゲームを21対12でとることができました。

第2ゲームはお互いにポイントを重ねて、9対9になります。ここから4連続でポイントを失ったことで、私たちはプレイのリズムそのものを失いました。

令佳のミスから危うさを察したのです。彼女が崩れていくパターンだ、ヤバい、カバーしなきゃ、という気持ちが胸のなかで跳ね上がって、勝手に自分にプレッシャーをかけて、私までミスを重ねてしまいます。第2ゲームは19対21で落としてしまいました。

この試合をテレビで観ていた方は、「勝てばメダル確定の試合だけに、第2ゲームはやはりプレッシャーを感じたのだろう」と思ったかもしれません。もちろんプレッシャーはありましたが、それ以上に私がカバーしきれなかったという第2ゲームでした。１本ずつ、１本ずつ取り返すのだと声を掛け合うけれど、身体が固まって動かない。それがまた焦りを呼び込む、という悪循環に陥ったのです。

ファイナルゲーム前のインターバル中に、私は令佳に「ああもうヤバい、どうしよう、逃げたい」と思わずこぼしました。混乱のなかに叩き落されていて、自分ひとりではどうにも抜け出せません。

私の弱音を聞いた令佳は、前夜と同じようにさらりと答えました。

「先輩、大丈夫ですよ」

私と令佳は対照的な性格です。バドミントンでもプライベートでも先を読んでいく私に対して、令佳はおっとりと、のんびりとしています。

だからなのか、試合でどちらかが崩れても、どちらかがカバーすることができていました。

この試合の第2ゲームは例外的に共倒れしてしまいましたが、インターバルに令佳が流れを変えてくれました。

令佳はフィジカル的にタフです。彼女ほど体力に自信のない私は、ゲームの終盤になるとできるだけ動かなくて済むように仕向けます。パートナーもヘバっていたらできない戦略です。ゲームが佳境の苦しいところでもシャトルに食らいついていけるのは、彼女の持ち味でした。誰にも負けない練習量が、生まれながらに強い身体に磨きをかけていったのだと思います。

第3ゲームの序盤は令佳が救ってくれ、その間に私はプレイを立て直していきました。最終的には21対13でモノにして、決勝へ辿り着きました。日本バドミントン界初のメダルが、確定したのです。

試合後のインタビューで、実は令佳も大丈夫だったわけではないことを知ります。

「試合中に緊張する藤井先輩を見たことがなかったので、嘘でも大丈夫ですって言わないとあかんと思いました。試合中も色々と話しかけて、笑顔でできるようにしようとしたのです」と、苦笑いしたのでした。

第三者として自分を見ることができる私は、緊張している自分を客観視できます。そもそも緊張を引きずるタイプではないので、心が固くなって自分のプレイが出せない、という経験はほぼありません。

高校時代から私を知る令佳をびっくりさせるぐらいの緊張は、オリンピックだから、メダルのかかる一戦だから、と言うことができました。

あのときは、無気力試合で第1シードの中国ペアと第3シードの韓国ペアがいなくなり、代わりのペアのなかで成績的に一番戦いやすいペアと対戦することになった。いくつもの幸運が折り重なって黄金のチャンスが巡ってきて、自分のなかに眠っていた使命感のようなものが動き出したのでした。あと1勝すればメダルという状況に立って、ロンドンにいながら日本からの期待も感じ取ったのだと思います。

準決勝から2日後の8月4日、女子ダブルスの決勝を迎えました。世界ランキング2位で第2シードの中国ペアが相手です。

銀メダル以上が確定していたので、準決勝で感じたようなプレッシャーはありませんでした。格上のペアとの対戦だったこともあって、思い切りぶつかっていくだけだ、というメンタリティになれました。

第1ゲームは10対21で落としましたが、第2ゲームはずっと競っていきました。以前に一度勝ったことのある相手でしたし、もうちょっと頑張れば第2ゲームは取れたかもしれません。デュースにまで持ち込んでいるのです。

1点を競い合いながら、「このゲームを取ったら勝てるかもしれない」という思いが過りました。こちらはノープレッシャーですが、相手は世界ランキング1位のペアが無気力試合で失格となり、絶対に勝たなければいけないという気持ちになっているはずだ。準決勝の私たちにソックリな心理状態で、「ファイナルゲームまでいったら勝っちゃうかもな」という思いが頭に浮かんだのでした。

「勝っちゃうかもな」などといったことは考えずに、一つひとつのポイントに集中して、いつもどおりに戦っていれば、第2ゲームは競り勝つことができたはずです。あと一歩、もう一歩の力を出せず、23対25で押し切られてしまったのは、私自身に原因があったのです。

ロンドンには両親も姉も応援に来てくれました。試合の合間に会って話をすることもありましたが、できるだけ短い時間で済ませるようにしていました。気持ちが緩まないようにしたかったのです。

オリンピックでプレイする私の姿を見て、両親は「奇跡の子」だと思ったそうです。

私は生まれてすぐに、小児がんを患《わずら》いました。1、2年間は大学病院へ定期的に通うほどで、両親はとても不安な日々を過ごしていたと聞きました。

ところが、何の前触れもなく快方に向かったそうです。いきなり「異常なし」と言われたので両親は驚いて、手を取り合って喜んだと聞きました。

喜んでくれたと言えば、メダルを取ったことももちろんそうです。それなのに、私としたことが……。

決勝戦が終わると、私と令佳は取材の波に飲みこまれていきます。メダリストということで、テレビ局や新聞の取材を立て続けに受けることになりました。

帰国後も慌《あわ》ただしさは変わらず、両親と落ち着いて話すことも叶いませんでした。スケジュールに追われる日々のなかで、そういえば、と気づいたのです。

「両親にメダルをかけていない！　触ってもらっていない！」

帰国してからずいぶん経ってようやく、両親にメダルをかけることができました。

夢舞台のあと

ロンドンオリンピックを競技人生のひとつの区切りにする、というのはあらかじめ決めていました。チームのスタッフには「絶対にやめます」と伝えていて、メダルを獲ったことで

ロンドンオリンピック表彰式にて。最高の笑顔！

「考え直せ」と言われるかなと思いつつも、チームの監督は「これだけ頑張ってきた瑞希の決断を、誰も止めることはできない」と言ってくれました。

自分がメダリストになって、気づかされたことがあります。

オリンピックの開幕前からメダルを期待され、そのとおりにメダルを獲ることが、どれほどすごいことなのか。メンタルが鋼《はがね》のように強いか、ケタ外れな鈍感力の持ち主のどちらかでなければ、プレッシャーに耐えられないと思います。レスリングでオリンピック4連覇の伊調《いちょう》馨《かおり》さんや3連覇の吉田《よしだ》沙保里《さおり》さんは、とんでもなく凄いと言うしかありません。

オリンピック後は海外へ行こうと考えていました。バドミントンはともかく海外で過ごしてみたいという希望があったところに、「メダルを獲ったのならバドミントン選手としていくのはどう?」というお話をいただいて、ひとりでドイツへ行ってチームも決めてきました。

日本国内でプレイする最後の機会は、12月の全日本総合選手権大会でした。4試合連続でストレート勝ちして決勝に進み、タカマツペアとの決勝も第1ゲームを取りました。第2ゲームもリードしていたところで、右ひざの前十《ぜんじゅう》字《じ》靭帯《じんたい》を断裂する大ケガを負ってしまったのです。全日本総合は一度も優勝したことがなかったので、令佳にタイトルを取らせてあげたい気持ちがあったのですが……。

オリンピック後を振り返れば、練習に割ける時間が限られていました。挨拶まわりとか親睦会とか懇親会とか、とにかく色々なところから声をかけていただいて、これまでお世話になったみなさんに感謝の思いを伝えていました。

そうやって練習時間が削られてしまいつつも、頭のなかはオリンピックからの好調をキープしている。しかも、女子ダブルスだけでなくミックスダブルスでもベスト4まで勝ち残っていて、試合数は過去一番というぐらいに多い。身体に負担がかかっていることに気づかず、思い描くイメージに練習不足の身体がついていかず、という二重の要因でひざに負担がかかってしまったのでした。

２０１３年になってすぐに手術をして、3月まではひたすら安静です。メダルを獲ったことによる行事からは強制的に解放されて、気持ちもすっかり切り替えることができました。歩けないストレスはありましたが、せっかく時間ができたのだから、色々な人に会って話を聞いて、自分の知識を広げようと考えました。素敵な出会いにも恵まれて、すごく充実していました。

ケガをしなければ、リーグ戦の残り試合にも出場することになっていました。オリンピックのメダリストとして、チームのエースペアとしてコートに立たなければいけない、というプレッシャーを感じていました。

日常生活では、息苦しさを覚えていました。地元の熊本はもちろん東京でも、街を歩いていると「あっ！」という視線を浴びるのです。人から見られたり気づかれたりすることが、こんなにも自分を戸惑わせるのか、と感じました。

そういったものすべてから、ケガをしたことで解放されました。ケガをした瞬間は痛みに苦しみましたけれど、涙は出なかった。

「もうフジカキで試合をしなくていいのだ」と、肩の荷が下りたのでした。

人生初の休暇

ロンドンオリンピックまでの私は、「どうやって代表選考レースを勝ち抜くか、どうやってダブルスのレベルを上げるか」にひたすら集中していました。周囲に目を向ける余裕はなく、大きなケガを一度も経験したことがなかったために、ケガをした選手の気持ちが分からなかったのです。「ケガをした選手はこんな気持ちになるのだ」ということに気づき、以前よりも寄り添えるようになったのは、大きな痛みと引き換えに得たものでした。

リハビリは東京のナショナルトレーニングセンターで進めていきました。NTCと呼ばれる施設には、私と同じようにケガからの復帰過程にある選手が滞在したり通ったりしています。

ウインタースポーツの選手と話をしていたら、自分で飛行機を取って海外遠征へ行き、ホームステイ先を決めて、大会にも自分でエントリーしていると聞きました。収入がほとんどないので、自分でプレゼンをしてスポンサーを探している、とも。バドミントンはマイナー競技だと思っていたのですが、それでも私たちは協会のスタッフのサポートを得ているし、目的地の空港へ着いたらバスでホテルへ連れていってもらえる。十分に恵まれている、と気づくことができました。

お互いを励まし合うこともできました。必死にリハビリをしている選手を見ると、「私も頑張ろう」という気持ちになります。世界の舞台で戦っている選手との出会いもあり、精神的にものすごくたくさんの刺激を得ることができました。「もう一度世界大会で表彰台に立つんだ」とか「ナショナルチームの一員として国を背負って戦うんだ」といった思いに触れることで、心の奥のほうで遠慮していた競技者として闘争心のようなものに、小さな明かりが灯ったような気がします。

もっとも、復帰までのプロセスは慎重に踏んでいきました。同じ箇所を再断裂するのは絶対に避けたかったし、身体のバランスが乱れて違う箇所を痛めるのもイヤだったので、８月末開幕の全日本社会人選手権はスキップして、１年前にケガをした大会――２０１３年12月の全日本総合選手権を選びました。

私は女子ダブルスにエントリーして、スエマエペアの末綱さんと一緒にプレイしました。令佳はスエマエペアの前田さんとペアを組んだので、ふたつのペアでパートナーを入れ替えたことになります。

結果は準々決勝敗退でした。ケガをせずに終えられたことにホッとしました。

そこから、ドイツ行きを目指します。２０１４年１月に現地へ行き、声がかかりそうなチームで練習をして、具体的な契約の話などもして日本へ戻りました。

ところが、なかなか話が進みません。そのうちに、日本の所属チームのウェブサイトから私の名前が消えて、「えっ、藤井選手って引退しちゃうの?」といった噂が流れて……。

私自身も不安な日々を過ごしていたなかで、ＳＣユニオン08ルーディンハウゼンというクラブと契約を結ぶことができました。サッカーでよく聞くブンデスリーガのクラブです。

ドイツでは２シーズンプレイして、２０１６年10月からはイギリスリーグのブリストル・

ジェッツの一員になりました。

3年間の海外生活を分かりやすく表現すれば、「人生初の休暇」だった気がします。バドミントンを始めてから、長期の休みを取ったことは一度もありません。季節の移り変わりを感じるのは体育館の暑さや寒さでしかなく、ゴールデンウイークも夏休みも、クリスマスもお正月も、私にとっては無関係なイベントでした。

海外でももちろん真剣にプレイしました。ただ、日本よりもオンとオフがはっきりしていて、家族や恋人との時間を大切にする文化のなかで、心のなかにある花壇に花を植えて、お水をあげて、ゆっくりと育てていく——そんな時間を過ごすことができました。

1年目は、もっともっとこっちで暮らしたいな、と思っていました。

気持ちが変わってきたのは、2年目のシーズンが終わりに近づいてきた頃です。のんびりと過ごす時間に、不安にも似た物足りなさを感じるようになりました。あまりにも平穏な日々を過ごしているので、「これで大丈夫なのかな」という不安に襲われてきたのです。

「まだ27歳なのに、老後のような生活を送っている。それでホントにいいの？」

もうちょっと頑張ったほうがいいんじゃないか、と思っていたところに、生まれ育った熊本が大変なことになります。２０１６年4月14日、熊本地震に見舞われたのでした。

自分に何ができるのだろうと、ドイツ滞在中に考えました。ボランティアをやったらいいのか。少額でも寄付をしたらいいのか。

自分だからできることを探していくと、バドミントンになります。バドミントンを通じて被災した方々に笑顔や元気を届けたい。それが、いまの自分にできる精いっぱいのことじゃないか、と思うようになっていきました。

「成功の連鎖」で女子ダブルスは世界レベルへ

２０１６年10月からイギリスでプレイし、翌年２月にシーズンが終わると、すぐに帰国して令佳とのペアを再結成しました。もちろん、大変な挑戦になるのは覚悟のうえです。ドイツとイギリスのリーグは日本よりもレベルが低いですから、いまの自分は日本で戦えるレベルにはない。以前の成績は忘れてイチから自分より若い選手に向かっていきたい、という気持ちでした。私たちはメダリストのペアだ、などという上から目線で臨んだら手厳しい仕打ちを受けてしまうぐらいに、日本の女子ダブルス界は充実していました。

２０１２年のロンドンオリンピックで表彰台の２番目に高いところに立った私たちは、２

００８年の北京オリンピックでベスト４入りしたスエマエペアを見本にすることができました。こういう練習をしていけば、オリンピックで勝負できる。こういう技術を持っていれば、中国や韓国のペアに対抗できる。あの人たちに勝つことができれば、オリンピックでも勝負できるはず――国際舞台で結果を残したことのない私たちにとって、日本代表チームメイトであり所属チームも同じスエマエペアは、コートの内外で道しるべとなっていたのです。

２０１６年のリオデジャネイロオリンピックで金メダルを獲ったタカマツペアは、ロンドンオリンピックの代表選考レースにスエマエペアと私たちフジカキペアとともに出場していました。オリンピックベスト４と銀メダルのレベルを、彼女たちは間近にすることができていたと思います。

タカマツペアはオリンピック金メダリストになったあとも、そのまま第一線でのプレイを続けていきました。苛酷で、熾烈で、身体と心を削り取られるような代表選考レースに、再び挑んでいたのです。

これは私の想像ですが、タカマツペアはキツかったと思います。国内でも海外でも追いかけられる立場ですから、いつもプレッシャーを感じながらコートに立っていたはずです。

金メダリストの立場で弱音を吐けるはずはなく、先輩メダリストの私たちは第一線から離れていたので、彼女たちの苦しみを分かち合える存在はいない。それでも、女子ダブルスを、日本バドミントン界を引っ張っていってくれた。

追いかける立場のペアからすれば、タカマツペアは最高の教材にして最大のターゲットになります。一人ひとりのプレイも、コンビネーションも、コート外での過ごし方も、タカマツペアが基準になってくれます。そのうえで、自分たちなりの強みを磨いていく。

タカマツペアに追いつけ、追い越せとレベルアップをしていったのが、福島由紀選手と廣田彩花選手のフクヒロペアであり、フクヒロペアの存在を刺激としてきたのが永原和可那選手と松本麻佑選手のナガマツペアです。

東京オリンピックには出場できませんが、女子ダブルスの世界ランキングには志田《しだ》千陽《ちはる》選手と松山《まつやま》奈未《なみ》選手のペアが10位に、櫻本《さくらもと》絢子《あやこ》選手と高畑《たかはた》祐紀子《ゆきこ》選手のペアが22位にランクインしています。日本代表でフクヒロペアやナガマツペアと一緒に練習をしている彼女たちも、オリンピックで勝つことを現実的な目標と捉えることができているでしょう。

メダリストが誕生し、その選手を中心とした競争が生まれ、全体のレベルが上がり、その結果として世界で結果を残せるようになった――成功の連鎖とも言うべきものによって、日本の女子ダブルスは世界のトップへ躍り出ることとなったのです。

女子ダブルスだけではありません。

男子シングルスでは、世界ランキング1位の桃田賢斗選手がいます。女子シングルスには、リオデジャネイロオリンピック銅メダリストの奥原希望選手、同ベスト8の山口茜選手がいます。女子ダブルスと同じぐらいに、シングルスも世界のトップ・オブ・トップの選手が牽引しています。これから世界を目指す選手にはこれ以上ないお手本で、国内の大会で真剣勝負ができるのですから、男女のシングルスも高いレベルの競争が繰り広げられていきます。

男子ダブルスやミックスダブルスの選手にしても、同じ日本代表にオリンピックのメダリストがいて、同じコーチに指導を受けて、一緒に練習をしているのです。「次は俺が」とか「次は私が」といったように、刺激を受けているのは間違いありません。

ミックスダブルスの日本代表には、タカマツペアの松友選手がいます。高橋さんは2020年8月に引退しましたが、松友選手は第一線でのプレイを続けています。彼女の存在もまた、日本代表の支えになっているでしょう。

引退を覚悟しての再結成

時計の針を２０１７年2月に戻します。

国内復帰を決めたこの時点で、私は自分ができるところまでやったら次は引退だ、と決意していました。どこまでできるのか分からない選手生活のなかでは、もう一度令佳とバドミントンをしたい、彼女とのダブルスで選手生活を締めくくりたい、と考えました。最終的な目標は、東京オリンピック出場に定めていました。

オリンピックに出場するには、日本代表入りが絶対条件です。代表選考レースでポイントを多く稼げる大会には、各国の代表クラスが出場します。代表のメンバー外でも選考レースに参加することはできますが、小さな大会でポイントを集めていくしかならず、ランキングの上位に食い込むのはほぼ不可能となります。

２０１７年11月の全日本総合選手権で上位まで勝ち残り、ナショナルチームに復活する。国際大会でそれぞれのレベルはもちろんペアとしてのスキルも磨いて、２０１９年春からの東京オリンピック代表選考レースに臨む、というのが私たちなりのプランでした。

ところが、全日本総合では１回戦でフクヒロペアと対戦することになりました。私たちと同じ再春館製薬所に所属している後輩ペアは、２０１７年の世界選手権で準優勝していました。女子ダブルスでは40年ぶりのメダル獲得で、全日本総合でも優勝候補にあげられていました。私たちは0対2で負けてしまいました。

２０１８年度の日本代表入りがなくなったので、令佳とは「いつ辞めるか」という話をしました。私たちのペアに関する決断は、それまですべて私が主導権を握ってきたので、ここは令佳に委ねました。彼女は右ヒザのケガに悩まされていて、ロンドンオリンピック当時のパフォーマンスを取り戻すことができていませんでした。「ヒザが良くないので、あと１年で辞めましょう」という彼女の意思を、私は全面的に尊重しました。

フジカキペアとして最後の大会は、２０１８年11月の全日本総合になりました。シード権を持たない私たちは予選から出場し、２連戦で本戦の出場権を得ました。本戦の１回戦に２対０で勝利して、２回戦では第１シードのタカマツペアと対戦しました。

ナショナルチームのチームメイトだったこともある彼女たちを、私は同じバドミントン選手としてリスペクトしていました。

オリンピックに向かうまでの過程には、もうこれ以上は絞り出せないというぐらいのエネルギーを注ぎこみます。たくさんのものを犠牲にして辿り着くのがオリンピックという舞台で、タカマツペアはそこで優勝を勝ち取りました。

オリンピックで金メダルを獲ったのです。燃え尽きてもおかしくないし、休養を欲するのも当然でしょう。心も身体もリセットしないと、次のステップへ進めない。私がロンドンオリンピック後に海外へ行ったのも、心の充電を必要としていたからでした。

でも、リオデジャネイロオリンピック後のタカマツペアは、そのまま第一線でプレイを続けていったのです。モチベーションが上がらずに、苦しい時期を過ごしたこともあったでしょう。ひょっとしたら私たちと対戦したいまこの瞬間も、苦しみに喘いでいるかもしれない。それでも、金メダリストとして日本のバドミントン界の先頭に立ち、女子ダブルスのレベルアップを引っ張ってきた彼女たちは、本当にすごいと思います。

そんなタカマツペアとの対戦が、フジカキペアの最後のゲームとなったのです。結果は0対2の敗戦でしたが、私自身はこのうえない充実感を得ることができました。フジカキペアとして、力を出し切ることができました。

全日本総合を終えた後は、所属先の再春館製薬所の選手としてS／Jリーグに出場しました。かつては日本リーグと呼ばれていた社会人チームの対抗リーグ戦で、私たちは2年ぶりの優勝を飾ったのです。

現役生活の最後を優勝で締めくくれるなんて、ちょっと出来過ぎな気がしました。そして、「復帰して良かったな」と思いました。

ロンドンオリンピックまでの私は、自分のこと、令佳とのペアのことに精いっぱいで、同じチームの後輩たちに何もしてあげられなかった。このままではいけないなと感じていたので、自分が身につけてきたものとか経験を後輩たちに伝えられたのは、私にとって国内に復帰した大きな意義となりました。

自分自身も目標へ向かって頑張ることの素晴らしさを、改めて感じることができました。1ミリの悔いを感じることもなく、現役生活に幕を閉じることができたのです。

第５章

なぜバドミントンは「メンタルのスポーツ」なのか？

相手の心理を読む

バドミントンのコートは、縦の長さが13・4メートルです。横の長さはシングルスとダブルスで変わりますが、縦は同じです。

13・4メートルとは、どれぐらいの距離なのか。

サッカーのペナルティキック（ＰＫ）が11メートルなので、それよりももう少し遠いことになります。バレーボールのコートは縦の長さが18メートルなので、それよりは狭い。一番近いのは陸上競技の110メートルハードルで、スタートから最初のハードルまでの距離が13・72メートルだそうです。建物だと4階か5階に相当するとか。「13・4メートル」という距離感が読者のみなさんに伝わっていれば嬉しいのですが、私たちバドミントン選手にとっては相手の表情や息遣いを感じられる距離です。

相手は疲れているのか、まだ余力を残しているのか。

どんなリターンショットを狙っているのか、どんな攻撃のショットを嫌っているのか。

選手たちは相手のメンタルを探ります。

私は身長１６０センチで、身体が大きくありません。フィジカルの弱さを違うところで埋めなければいけないので、シングルスでもダブルスでも相手の心理を読み取ろうとしました。表情から目の動き、汗の出方からちょっとした仕草にまで神経を配って、いまどんなメンタルにあるのかを探り当てるのです。

フィジカル的、技術的に力が拮抗した相手との対戦では、本当にちょっとした要素が勝敗を分けます。勝負どころで１本を取れるかどうかは、技術的な精度を問われる場面であり、それ以前の駆け引きも影響してきます。

バドミントンはシャトルの速さから「最速のスポーツ」と呼ばれたりもしますが、私自身は「メンタルのスポーツ」だと考えます。世界のトップ・オブ・トップのぶつかり合いでは、チェスのような理詰めの攻防が繰り広げられています。

２０１６年のリオデジャネイロオリンピックで女子シングルスの銅メダルを獲得した奥原希望選手は、理詰めのスペシャリストです。彼女は私よりも身長が低いのですが、バドミントンＩＱが高い。とてもクレバーです。相手がこうきたらこうして、こうして、こうしよう、という組み立てをしている。私は洞察力があるタイプだと自負していますが、彼女も同じくらいに洞察力や観察力があります。

奥原選手は身長が１５６センチです。女子シングルスの山口茜選手も１５６センチです。それでも、彼女たちは世界のトップランカーです。

以前は身長が高いほうが有利だ、と考えられていたと思います。流れが変わったのは２０１２年のロンドンオリンピックあたりからで、女子シングルス、女子ダブルスともに、１８０センチ以上のメダリストはいませんでした。２０１６年のリオデジャネイロオリンピックでは、女子ダブルス銀メダルのデンマークペアに、１８０センチ以上の選手がいました。彼女を除いたメダリストは、１６０センチ台か１７０センチ台でした。

長身はひとつの武器になる。それは間違いありません。バドミントンにおいては、角度のあるショットを打つことができる。けれど、低いショットへのディフェンスや前後左右の動きは、身体の小さい選手のほうが優れる。

１６０センチの私は駆け引きを大切にしていましたが、身長差を補う戦略とフィジカルがあれば、十分に勝機を見出すことができます。長身選手との対戦でも、角度のあるショットを打たせないようにすればいい。相手を揺さぶって消耗させればいい。勝利への戦略はいくらでも描くことができるのです。

いかにして相手に「迷い」を与えられるか

ここで、バドミントンの選手に必要なスキルを整理してみます。レーダーチャートを作るとしたら、フィジカル、メンタル、スピード、パワー、攻撃力、守備力の6つになります。技術は入らないの?と思う方がいるかもしれません。技術は攻撃力と守備力で表わします。攻撃のショットとしてはスマッシュ、ドライブ、カット、クリア、プッシュ、ワイパーショットなどがあります。守備のショットにはサーブも含まれていて、ショートとロングのサーブがあり、サーブレシーブとしてのリターン、ショートレシーブ、ロングレシーブ、ドライブレシーブ、ロブ、プッシュレシーブ、ヘアピンなどです。ヘアピンは桃田賢斗選手が得意なプレイです。

これだけのショットを、打つポジションや打点によって使い分けています。どれだけ多くのショットを、試合で使いこなせているか。使いこなすだけでなく、ポイントに結びつくレベルになっているかで、攻撃力と守備力が測れます。たとえば、プロ野球のピッチャーで言う「決め球」を持っていれば、攻撃力が高いと言うことができるでしょう。

フィジカルは色々な要素が含まれますが、ここでは持久力を指します。ラリーに耐えられるか、３ゲーム目まで戦い抜くスタミナがあるか、ということです。

メンタルはすでに触れてきた「駆け引き」です。スピードとパワーは、そのままの理解でいいと思います。

プレイスタイルは「攻撃型」と「ラリー型」に分けられます。

攻撃型は中国人選手のように、上から打ち下ろす球が多いスタイルです。パワーとスピードに特徴がある選手やペアは、攻撃型で仕掛けることができます。

ラリー型は、どちらかと言うと相手に打たせて、下から打つショットで相手を崩していく。

２０１２年のロンドンオリンピックに出場した私たちフジカキペアは、攻撃型でした。当時の日本代表にはラリー型の選手やペアが多かったのですが、朴さんが「フジカキは守りでミスをしがちなところがあるけれど、攻撃はすごいスピードを持っている」と評価してくれたのです。「世界に通用するには攻撃型だ。守備力は経験を積みながら磨いていって、攻撃力を生かそう」ということになったのです。

私自身は守備が苦手ではなかったのですが、パートナーの垣岩令佳がいつも苦しんでいたので、試合中はいつも「私のところに球が来い！」と念じていました。

個人的に、サーブレシーブは読みやすいです。バドミントンはラリーポイント制なので、ミスをしたら相手のポイントになる。そもそもサーブで攻撃的な球を打つのは難しい。相手との最初の駆け引きとして、どこに球が来るのかを予測し、可能性の高いものから優先順位をつけていきます。

球筋がある程度読めるので、ラケットの面さえしっかり合わせられれば、カウンターを取ることもできます。相手の陣形を崩すことができる。相手を動かせるので、体力も奪える。それに対してこちら側は、体力をほぼ使わないで済む。とても効率がいいのです。

レーダーチャートの要素として「フィジカル」をあげましたが、相手が打ち返してきた球をいつも強打していたら、体力をどんどん奪われていきます。「攻撃の回数をできるだけ抑えて、ここぞというところでポイントを狙う」のが理想で、とくにシングルスでは「強打しなくていいのなら、しない」という試合運びが望まれます。

女子選手が男子選手と対戦しても、スマッシュをレシーブすることはできます。どんなに速い球でも、「スマッシュがくる」と分かっていれば受けられます。面を合わせるだけなので、私自身は技術的にさほど難しくない、と感じていました。

プロ野球のピッチャーが、１６０キロのストレートとものすごい落差の変化球を投げることができても、次に投げる球が分かっていたら打ち返されてしまうでしょう。スマッシュも同じことです。どれだけ速いスマッシュを打つことができても、相手に読まれたら「決め球」にはならないのです。

　バドミントンでポイントが決まるかどうかの「際《きわ》」というのは、ほんの一瞬の判断の遅れやラケットの振りの遅れです。その「遅れ」がなぜ生まれるのかと言えば、「次はどこにくるのかな」という迷いがあるからです。

　つまりバドミントンは、相手に迷いを与えるスポーツなのです。まさしくメンタルスポーツと言えるでしょう。

駆け引きで試合の主導権を握る

　相手を迷わせることを、私は「外し」と呼んでいました。この「外し」は勝敗を分ける大きなポイントです。令佳とのペアでは、相手の予想から外れたショットをすることで陣形を崩す、という狙いを持ってプレイしていました。

　たとえば、相手のレシーブが甘くて、スマッシュを打てる球が返ってきた。相手は「スマッシュを打たれる」と思うはずです。そこで、相手コートのネット際へふわりと落とすドロップを打ちます。そうすると、スマッシュに備えていた後ろで構えていた相手は、前へ出てこなければならなくなる。

ショットの選択は色々とありますが、とにかく1本「おとりの球」を入れる。そして、次のレシーブでスマッシュを打つ。

相手の守備機会を1本増やすことで、体力を削ることができる。スマッシュを決めて、ポイントを取ることができる。さらに、相手の体勢を崩すこともできる。決めるタイミングを変えることで、3つのプラス要素を得られるのです。

そうした駆け引きは、シングルスでもダブルスでも観ることができます。試合会場やテレビで、「いまのはスマッシュを打てる体勢だったのに、どうして打たなかったのだろう」というプレイがあったら、それは「外し」だと理解してください。その選手は駆け引きをしながら、試合を進めています。

逆に、来た球をバンバン打ち返す選手がいたら——。パワーとスピードを生かすプレイスタイルだとしても、私には「今日はちょっと余裕がないのかな」と映ります。繰り返しになりますが、「スマッシュを打つよ」という空気全開で打ったら、相手に拾われる確率は高くなるからです。

バドミントンで使われる「おとりの球」は、決め球の直前に限ったものではありません。シングルスでもダブルスでも、試合中のあちこちに散りばめられています。

たとえば、前半は徹底的にコートの右側へ返して、相手の潜在意識に「右側へ返してくる」と刷り込んだところで、バンと左サイドを狙う。相手は迷うでしょう。「次も左にくるのか、右にくるのか、それともセンターか」と考えるはずです。そうやって試合の主導権を握ることもできるのです。

バドミントンは1ゲーム21ポイントですが、どちらかが11ポイントを取ったところでインターバルがあります。そこまでは探り合いの要素があります。

過去に対戦したことのある相手でも、「今日のエースショットはこれか、ここに打ちたがっているな、ここには来ないな」といった情報を、11点までにアップデートします。自分たちのその日の調子も知りたいので、第1ゲームの序盤は色々と試します。そして、インターバルを挟んでいよいよ勝負が始まる、という感じです。

試合そのものを「おとり」にすることもあります。国際大会で初めて顔を合わせた外国のペアとの対戦では、第1ゲームを犠牲にしても相手のデータを集めることがありました。ポイントを取ることはいったん脇へ置いて、相手の動き方を見たり、打ち返してくる球筋を確認したりして、第2ゲームから勝負を仕掛ける、ということもやっていました。その日の試合で負けてしまったとしても、次回の対戦で勝つためのデータを集めることができればＯＫだと、割り切って考えることもありました。

「おとりの球」ではない駆け引きもあります。目の動き、声のかけ方、声の出し方といったものも、相手を惑わせる「罠」として使われています。サーブを打つときに右側をチラッと見てから左へ打つとか、そのまま右へ打つとか。

声には感情が滲《にじ》み出ます。イライラや疲れといったネガティブなものも、闘争心や気合といったポジティブなものも、声に表われます。私自身はそういうところまで操作をして、相手を精神的に揺さぶることを考えていました。

ずば抜けたフィジカルの持ち主なら、駆け引きなしでも勝ち切れるかもしれません。けれど、実力伯仲で一進一退の攻防では、本当に細かいところが勝負を分けます。勝者として拍手を浴びるか、敗者としてコートを去るのかの分かれ目は細部に宿るので、駆け引きは必要だろうと私は考えます。

勝利のための分析力

レーダーチャートには入れませんでしたが、分析力は大事です。

国際舞台で戦う日本のスポーツチームは、スカウティングを取り入れています。相手を分析して、勝利へのシナリオを構築する。最近では試合中に相手のデータを集めて、その都度プレイに反映させている競技もあります。ベンチのスタッフがアイパッドを手にしているのは、もはやごく普通と言っていい光景です。

バドミントンの日本代表の場合、アナリストが次の対戦相手の映像を撮影してくれます。そこから先の分析は、自分たちに託されます。男女のシングルス、男女のダブルス、それにミックスダブルスの映像を撮るだけでも大変ですから、分析までは物理的に対応しきれない、ということだったのだろうと思います。東京オリンピックへ向けては、私の現役当時よりもスカウティングを充実させているかもしれませんが。

自分たちで相手を分析するわけですから、どうやって攻略するのかも自分たちで考えることになります。

私は分析が得意でした。相手の映像を最後まですべて観なくても、特徴を把握することができました。1ゲーム見ればほぼ分かるな、という肌感覚でした。

パートナーの令佳は2度、3度と確認するタイプなので、彼女が見終わったあとに「どこが気になったのか」を話し合って、「よし、こういう作戦でいこう」と決めます。

実際に試合が始まったら、情報との照らし合わせです。こちらの分析どおりの場合があれば、「何かちょっと、違くない？」ということもありました。第1ゲームでどちらかが11ポイントを先取したあとのインターバルまでは、時間ギリギリまで令佳と話したものです。

私たちが相手を分析するように、相手も私たちを分析してきます。こちらの強みを封じようとしてくるわけですが、相手の狙いを外すためにプレイスタイルを変えるようなことはしません。まずは自分たちのパターンで戦って、今日は読まれているなと感じたら変化を加える。自分たちのやりたいことをぶつけて、通用しなければ変えればいい、というスタンスで戦っていました。分析されていても、相手を上回ることもできますので。

人間は誰しもクセがあるもので、バドミントンでも「苦しくなったらそこへ打つ」という傾向が読み取れます。ここぞという場面では自分のエースショットに頼りたい、と考えるのは避けがたいでしょう。

それだけに、分析力が大事なのです。相手が頼りにするプレイを把握していれば、あらかじめ予測ができます。

分析力と駆け引きを、結びつける選手もいます。相手のエースショットをしっかり分析してポイントを取らせないとか、あえて打たせて防ぐとか。伏線を張り巡らして、ポイントを取っていくのです。

バドミントンに限らずどんなスポーツにも共通することだと思いますが、得意なプレイを封じられると精神的なダメージを被ります。次はもっと厳しいコースを狙わなければ、という気持ちが働いてミスをしたり、自信のないコースへ打たなければいけなくなったり。自滅と呼ばれるパターンです。

何が何でもエースショットで決めてやる、と考える選手もいます。それが悪いとは言いません。ただ、「決めてやる」という気持ちは力みにつながりますし、身体の動きとしてもミスが起こりやすくなる。私自身は意固地になるのではなく、柔軟に対応するべきだと考えます。

身体が小さくても勝てるスポーツ

バドミントンのシャトルは、４・７４グラムから５・５０グラムまでの範囲と決められています。お子さんでも持てるぐらいに軽い。

コートのサイズも大きくはない。

普通に考えたら、身体が大きくて強くて、持久力のある人が勝つでしょう。

ところが、身長１６０センチの私のような選手でも、オリンピックで勝つことができる。

それはやはり、駆け引きとか分析とか、相手よりも体力を減らさないようにプレイするといったことで、勝機を見出せるからなのです。

体力を減らさないためには、相手の球筋を読めるかどうかがポイントになります。

読めている状態では、身体に無駄な力が入っていない。動いてもキツくない。

それに対して読めていない状態では、１回グッと身体に力が入り、そのあと力を抜いて動くので、無駄なアクションが多くなります。「あっ、こっちか」というような反応からの動きが増えると、だんだんと息が上がってきます。

表現を変えてみると、相手に「何かイヤだ」と思わせたら優位に立てます。スマッシュが速いから取れないのではなく、何かリズムがつかめない、何か読みにくい、何かプレイが噛み合わない、それで決められちゃう、というのはストレスで、精神的なダメージが蓄積していくからです。

現役時代の私は、「スマッシュが遅い」と言われていました。けれど、ショットの種類が多かったこともあって、それでも決めることができました。身体のサイズが小さく、他の選手に比べてパワーやスピードに優れていたわけでもないのですが、対戦する選手からは「藤井さんはやりづらい」と言われたものです。「何をやっても読まれるから攻め手が見つからないし、気力が削《そ》がれる」と。私にとっては最高の褒め言葉でした。

大事なのはミスをした次のプレイ

サッカーでも野球でも「試合勘」という言葉が使われます。どちらも、実戦によって磨かれる感覚、という意味合いでしょう。

私自身はケガなどで1、2か月コートから離れても、ほとんど気にしません。身体さえ問題なければ、すぐに実戦に復帰していました。たとえ負けることがあっても、「試合勘が鈍っていたからだ」とは思いませんでした。

気になることがあるとするならば、試合から遠ざかることで正しいプレイの選択ができなくなる、ということです。

試合勘が鋭いのか、鈍っているのかは、競り合った場面で浮き彫りになります。競り合っているからプレッシャーがかかっていて、1ポイントがものすごく重要です。19対19なら次の1点を取ればゲームポイントを握れますが、相手にポイントが入ったら逆にゲームポイントを握られてしまう。

勝敗の「際」と言っていいそういう場面では、誰でも不安を覚えます。不安ではなく恐怖と言ってもいいかもしれない。突如として「あ、どうしよう、どうしよう」と自信が揺らぐのが試合勘のない状態で、つまりはメンタルに関わるものだと思うのです。

実際のプレイ中の現象としては、際どいところを攻めきれずに安全なところへ打つとか、ギリギリのところへ決めに行き過ぎてミスをする、といったことが起こります。

少なくともふたつの選択を持って、選手はプレイしています。「あっちかな、いや、こっちかな」というジャッジをコンマ何秒で下していくのですが、それが「そっちかも」と思った瞬間に追いつかなくなったり、甘い球筋のレシーブになったりする。

その1球の選択で、バドミントンのラリーはすべてが変わります。

たとえば、15対10のスコアでも、「この場面でのあのミスは、もう追いつかれたも同然だね」というミスがあります。スタンドで観ている人には何気ないミスでも、当事者たちはミスの意味を理解します。ミスをした側は「うわあっ、やっちゃった」と心のなかで頭を抱えて、相手側は「来た！　もうちょい我慢だ、ここで詰めていける」と手ごたえをつかんでいる。ここが大事だから繊細に、かつ大胆に、といったメンタリティになり、それがまたポイントを詰めることにつながっていく。

球技では「勝負を分けた1球」などと言われるプレイがあります。バドミントンでもワンプレイのチョイスミスで一気に流れが変わり、ポイント差が開く（あるいは、縮まる）ことがあるのです。

もちろん、ここぞとばかりに点差を詰めようとしてくる相手に対して、もう一方の選手（ペア）は必死に抵抗します。冷静に駆け引きをして流れを呼び戻そうとしたり、あえて力ずくで抑え込もうとする場合もある。

力で抑え込もうとすると、身体も気持ちも固くなって技術を発揮しにくくなります。難しい局面をしのぐ手段としては、適切ではないかもしれません。けれど、相手の勢いを受けているだけでは流れが変わらないから、パワーとかスピードで対抗する、という考え方は成り立ちます。セオリーどおりのプレイがいつも正解とは限らないところに、スポーツの面白さがあるのでしょう。

ミスには攻めのミスと守りのミスがあります。攻めのミスは前向きなメンタルで起こったミスとか、その後のプレイに影響を及ぼさないミスを指します。リスク承知で打ちにいって入らなくても、精神的なダメージは最小限に抑えられるでしょう。

守りのミスは切り替えが難しいです。慌てた、迷った、焦った、選択を誤ったという理由のミスは、精神的なダメージを受けるし、対戦相手につけ入るスキを与えてしまいます。そこですぐに気持ちを切り替えられる選手は、一流と言うことができます。

私自身はバドミントンを「メンタルのスポーツ」と位置づけますが、どんなスポーツも時代によって変わっていきます。ファッションのようにトレンドがあります。

バドミントンも例外ではなく、近年は技術の占める割合が大きくなっていると感じます。精神的な駆け引きよりも、技術のぶつかり合いで勝敗が決まるケースが多い。長いラリーでポイントを取り合っていくというよりは、スピード重視の攻防が増えました。これは世界的なトレンドで、東京オリンピックにも持ち込まれると思います。

それでも、メンタルのスポーツとしての要素がなくなることはないでしょう。

試合会場やテレビでバドミントンを観る機会があったら、ミスをした選手に注目してみてください。ミスをした次のプレイに注目してみてください。

そのまま崩れてしまうのか。それとも、立て直すのか――。

バドミントンがメンタルのスポーツだという意味が、みなさんにも理解できるはずです。

エピローグ

オリンピックでメダルを獲って、ホントに良かったなあと思う瞬間があります。

藤井瑞希という元バドミントン選手を知っている人なら、現役時代の私の話を聞いてみたいとか、一緒にバドミントンをやりたいと思ってくれるかもしれません。

けれど、私のことを知らない人のほうが圧倒的に多いわけで、そういう人たちを相手に仕事をすることもあります。

そんなときに、オリンピックのメダルを見せると――。

うわあああって、目を輝かせてくれます。子どもから大人まで、みんなが喜んでくれるのです。子どもたちがメダルを触るときの反応がまた、とても微笑ましくて。恐る恐る手を伸ばして、「重～い。オレが持ってるのとは違う」とビックリする。「それはそうでしょう、オリンピックのメダルなんだからね」と、突っ込みたくなりますが、オリンピックのメダルの価値を全身で感じてもらうことができます。

私は人を笑顔にしたい、元気にしたい、という思いで仕事をしています。オリンピックのメダルは、そのための武器になっているのです。

小学校や中学校へ講演にいったりすると、３００人から６００人ぐらいの生徒さんがいます。おそらく何万人というスケールで、私の銀メダルに触ってもらいました。企業向けの講演などにも持って行きますので、社会人のみなさんにも手にしてもらっています。

おかげでもう、ボロボロになってしまいました。銀メダルの銀がくすんで、傷だらけで、何色か分からなくなっています。それが残念とは全然思っていなくて、むしろ私にとっては勲章と言っていいぐらいです。すり減って無くなってしまっても構わない。子どもたちが夢を抱いたり目標を持つきっかけになったりするのなら、こんなに嬉しいことはないですから。


私のＳＮＳを見た後輩から、「毎日が楽しそうですね」と言われることがあります。友だちと会ったり、旅行へ行ったり、仕事も程よくしたりして、と。

羨ましそうな表情を浮かべる後輩に、私はいつもこう言います。

「何も面白くないから。現役が一番だから」と。

バドミントン選手を辞めてから、喜怒哀楽の感情が抜け落ちた気がします。喜びも怒りも、悲しみも楽しみももちろんあるけれど、ひと言でまとめると「平和」なんです。キツい練習をしなくてもいいし、指導者に厳しく言われることもない。穏やかに生きていける。

試合で勝った瞬間の爆発的な喜びとか、負けた直後の怒りにも似た悔しさとか、そういうものを感じられないことが物足りないのです。目標を立てて、プロセスを踏んで、試合に臨んで、結果を受けて検証する。評価基準が明確なスポーツの世界が、私にはとても合っていたのでしょう。

現役当時と同じレベルの喜怒哀楽を、日常生活で感じるのが難しいのは分かっています。ただ、「勝てば天国、負ければ地獄」とでもいうようなヒリヒリ感が、少なからず懐かしいのは否定できません。

自分が熱くなるものを見つけたくて、いつも格闘しています。「自分はこうしたい、そのためにこんなチャレンジをしてみよう」と思える何かを、命を燃やして生きていると実感できる何かを、私はずっと探し続けていくのでしょう。こうして初めての著書を出したのも、自分の可能性を拡げてみたいからでした。

可能性と言えば、東京オリンピックです。

開幕まで100日を切った5月16日の段階で、10の都道府県に緊急事態宣言が発出されています。まん延防止等重点措置も5つの県で実施されていて、新型コロナウイルスの感染拡大はなかなか収まっていません。オリンピックについても、再度の延期や中止の声が上がっています。

オリンピックに出場したアスリートとして言わせてもらえば、すでに出場を決めている選手、これから出場権をつかもうとする選手は、東京オリンピックに人生を懸けてきたはずです。自分ひとりのためだけではなくて、ずっと指導をしてくれた監督やコーチのため、支えてくれた家族のため、生まれ育った故郷のため、一緒に歯を食いしばったチームメイトのためといったように、たくさんの人の思いに報いるために頑張りたいと、アスリートは考えるでしょう。

4月に行われた水泳の日本選手権で、池江《いけえ》璃花子《りかこ》さんが東京オリンピック出場を決めました。私は池江さんとお会いしたことがなく、水泳にも詳しくはありませんが、白血病を克服して世界と戦える場所へ戻ってきたそのパフォーマンスに、ものすごく勇気をもらいました。

松山《まつやま》英樹《ひでき》さんのマスターズ・トーナメント優勝にも感動しました。松山さんも遠いところで活躍している方ですが、日本人初、アジア人初の優勝と聞けば素直に嬉しくなります。明日から元気に過ごしていくエネルギーを、充填させていただきました。

スポーツとはそういうものだと思うのです。競技に詳しくなくても、知り合いでなくても、頑張っている選手の姿には心を動かされる。胸に染みついている嫌なことも、そのときだけは忘れることができる。

オリンピック・パラリンピックの開催については、開幕まで2か月を切った段階でも「開催するべきか、中止にするべきか」の議論が続いています。

ひとりの人間としては、新型コロナウイルスの感染拡大を抑えることが、何よりも優先されるべきだと思います。

医療従事者のみなさんのご負担が、少しでも減るように。

エッセンシャルワーカーのみなさんが、少しでも安心して働けるように。

開催ありきではなく、みなさんの安心と安全が守られることが、開催の条件になるべきなのでしょう。大切な人の命が守られてこそ、スポーツを楽しむことができると思います。

オリンピックに出場したことのある元アスリートとしては、「選手にプレイする機会を作ってあげてほしい」という思いを抱きます。

代替の大会もないまま中止や再延期になったら、２０２４年のパリオリンピックへ向かっていくモチベーションを見つけられない選手が出てきてしまうかもしれない。年齢的にパリを狙える選手でも、気持ちがガクッと落ちてしまうかもしれない。選手たちが気持ちの区切りをつけられる機会を、作ってあげられないだろうかと考える自分がいます。

世界各国から選手団を招くことができないのなら、数か国でもいい。1か国でもいい。それも叶わないのなら、日本人選手だけでもいい。もちろん、無観客でもいいと思います。時期や形にこだわらず、いまこの瞬間の社会が許容できる範囲内で、思い切り力を出し切るアスリートの姿を見ることができたら嬉しい、と私は思うのです。

藤井瑞希

2021年6月

藤井瑞希（ふじいみずき）

1988年熊本県芦北町生まれ。ロンドン五輪バドミントン女子ダブルス銀メダリスト。垣岩令佳との「フジカキペア」として親しまれる。5歳でバドミントンを始め、中学2年生のときに全国中学校バドミントン大会でシングルス優勝。青森山田高校3年生時には、当時25年ぶりとなるインターハイ3冠を達成。2012年のロンドン五輪は、バドミントンにおける日本人として初の決勝進出。2014年からは日本人初のヨーロッパリーグにも参戦。2019年の引退ののちは、全国各地でバドミントン普及活動を行い、テレビ解説者としても活躍中。

日本《にっぽん》のバドミントンはなぜ強《つよ》くなったのか？

2021年7月30日初版1刷発行

著　者 ── 藤井瑞希
発行者 ── 田邉浩司
装　幀 ── アラン・チャン
印刷所 ── 萩原印刷
製本所 ── 国宝社
発行所 ── 株式会社光文社
東京都文京区音羽1-16-6（〒112-8011）
https://www.kobunsha.com/
電　話 ── 編集部03（5395）8289　書籍販売部03（5395）8116
業務部03（5395）8125
メール ── sinsyo@kobunsha.com

R＜日本複製権センター委託出版物＞
本書の無断複写複製（コピー）は著作権法上での例外を除き禁じられています。本書をコピーされる場合は、そのつど事前に、日本複製権センター（☎03-6809-1281、e-mail : jrrc_info@jrrc.or.jp）の許諾を得てください。

本書の電子化は私的使用に限り、著作権法上認められています。ただし代行業者等の第三者による電子データ化及び電子書籍化は、いかなる場合も認められておりません。

落丁本・乱丁本は業務部へご連絡くだされば、お取替えいたします。
© Mizuki Fujii 2021　Printed in Japan　ISBN 978-4-334-04555-5

光文社新書

1123

ドレミファソラシは虹の七色？
知られざる「共感覚」の世界

伊藤浩介

「真っ赤な嘘」は、なぜ赤色？「いろいろ」は、なぜ「色々」？音や文字に色を感じる〝共感覚〟はなぜ生じるのか。気鋭の脳科学研究者による、ヒトの認知の不思議に迫るスリリングな一冊。

978-4-334-04530-2

1124

巨人軍解体新書

ゴジキ（@godziki_55）

ファンもアンチも日本一多い球団、読売ジャイアンツの「勝利の哲学」とは。巨人軍の21世紀のスター選手たちを振り返りながら、パ・リーグへの対抗策を考える。

978-4-334-04531-9

1125

20世紀論争史
現代思想の源泉

高橋昌一郎

現代の思想を理解するためには、20世紀の偉大な知性が議論を重ねた諸問題を踏まえなくてはならない。「教授」と「助手」が時にユーモラスに対話しながら道案内を務める知の論争史。

978-4-334-04532-6

1126

運気を引き寄せるリーダー 七つの心得
危機を好機に変える力とは

田坂広志

「強運」のリーダーは、メンバーやチームにも「強運」を呼び込む。「運の強さ」は、誰でも意識的な努力で身につけることができる。先端科学に基づいた二一世紀の「新たな運気論」。

978-4-334-04533-3

1127

もしも、私が「がん」になったら。
81歳、現役医師の準備と決意

藤田紘一郎

81歳、免疫が専門の名物医師がとことん「がん」と向き合った。仕事は続ける？　治療は受ける？　改善すべき生活習慣は？　発症しても慌てない、嘆かないためのがん入門書。

978-4-334-04534-0

光文社新書

1128
お笑い世代論
ドリフから霜降り明星まで
ラリー遠田

芸人の「第七世代」という言葉が一般にも広まるなか、それ以前の世代が誰なのか、どのような変遷を経て現在に至ったのかを改めて振り返る。「世代論」で読みとく戦後芸能史。

978-4-334-04535-7

1129
郵政腐敗 日本型組織の失敗学
藤田知也

郵便事業の創業から一五〇年を迎えた日本郵政グループ。従業員四〇万人を超える巨大組織の実態は、「腐敗の構造」と究極の「事なかれ主義」だ。朝日新聞のエース記者が徹底取材！

978-4-334-04536-4

1130
「倫理の問題」とは何か
メタ倫理学から考える
佐藤岳詩

それは良いことか、悪いことか。これは正義か、不正義か――。日常がゆらいだときに現れる倫理の問題に、私たちはどう向き合えばいいのか。世界の眺め方が変わるメタ倫理学入門書。

978-4-334-04538-8

1131
名画で読み解く プロイセン王家 12の物語
中野京子

フリードリヒ大王とビスマルクという傑物を擁し、世界最強国の一角に食い込んだプロイセン。ヨーロッパの原型を作った王家の２１７年間の人間ドラマを名画とともに繙く。

978-4-334-04539-5

1132
幽霊消防団員
日本のアンタッチャブル
高橋祐貴

活動をしていないのに自治体から一定の公金を受け取る「幽霊消防団員」。全国に広がる不正の実態がこれまで放置されてきたのはなぜか？ 若手新聞記者が日本のタブーを斬る！

978-4-334-04540-1

1133
「女性向け風俗」の現場
彼女たちは何を求めているのか？
柾木寛

昼の顔は営業マン、夜の顔はあらゆるお客様に分け隔てなく接するセラピスト。性だけの繋がりゆえに彼女たちが教えてくれた、この国のジェンダーとセックスの本音。

978-4-334-04541-8

1134
理系研究者の「実験メシ」
科学の力で解決！　食にまつわる疑問
松尾佑一

太陽光でもお米は炊ける？　なぜ超音波をかけるとお酒は美味しくなる？　食にまつわるふとした疑問。大学教員が自ら実験して確かめる！　食欲と知識欲を刺激する異色の食エッセイ。

978-4-334-04542-5

1135
在宅医療の真実
小豆畑丈夫

在宅医療は「より良く生きるため」の手段／初めてでもうまくいく在宅医療の受け方／家族の負担をなるべく軽く――在宅医療に関わる救急医が、込み入った全体像を丁寧に整理・解説。

978-4-334-04543-2

1136
新・人間関係のルール
辛酸なめ子

人生の問題の多くを占める人間関係。ＳＮＳの発達やパンデミックの発生によって、人間関係にも新しいルールが生まれつつある。「コミュ力不足」の著者による、クスッと笑える24話。

978-4-334-04544-9

1137
ジェンダーで見るヒットドラマ
韓国、アメリカ、欧州、日本
治部れんげ

「愛の不時着」はなぜヒットした？　「半沢直樹」がウケる日本はヤバイ!?　ジェンダー視点でドラマを見れば世界のいまも見えてくる。業界随一のジャーナリストによる新ドラマ論。

978-4-334-04545-6

光文社新書

1138
夢中になる 東大世界史
15の良問に学ぶ世界の成り立ち
福村国春

約40年分の過去問から、選りすぐりの15問で振り返る国際社会の歩み——。暗記しただけでは解けない、歴史の本質を突く問題を紐解けば、覚えただけの歴史が教養に変わる！

978-4-334-04546-3

1139
ディズニーとチャップリン
エンタメビジネスを生んだ巨人
大野裕之

ディズニーは、キャラクターの創作とストーリーの大切さ、権利の保持や配給会社との条件交渉などをチャップリンから学んだ。——固い友情と離別、知られざる二人の師弟関係。

978-4-334-04547-0

1140
スポーツとしての相撲論
力士の体重はなぜ30キロ増えたのか
西尾克洋

「決まり手」「体格」「怪我」「指導」「学歴」「国際化」「人気低迷」。７つのキーワードから見えてくる、伝統と進化のはざまで揺れ動く大相撲の現在。幕内全力士の解説付き！

978-4-334-04548-7

1141
糖尿病の真実
なぜ患者は増え続けるのか
水野雅登

「インスリンは一生のお付き合い」「糖尿病は不治の病」は本当なのか。脱インスリン率１００％の実績を持つ著者が、実際の治療例を紹介しつつ、現在の糖尿病治療の実情と問題点を解説。

978-4-334-04549-4

1142
「日本型格差社会」からの脱却
岩田規久男

戦後は日本しか経験していない長期デフレを原因とすることから、他国とは様子の異なる日本の格差。縮小するにはどうするべきか。日銀副総裁を務めた著者が具体的な政策を提言。

978-4-334-04550-0

光文社新書

1143
子育て罰
「親子に冷たい日本」を変えるには

末冨芳　桜井啓太

「子育て罰」とは、社会のあらゆる場面で、まるで子育てすること自体に罰を与えるかのような政治、制度、社会慣行、人びとの意識。「子育て罰大国・日本」を変える方策とは。

978-4-334-04551-7

1144
孤独は社会問題
孤独対策先進国イギリスの取り組み

多賀幹子

世界で初めて「孤独担当大臣」を設け、ＥＵ離脱後も混乱が続く国で、いま何が起きているのか。日本が学べることは何か。イギリス社会を見続けてきたジャーナリストが現地から報告。

978-4-334-04552-4

1145
ダイエットをしたら太ります。
最新医学データが示す不都合な真実

永田利彦

「ほぼ確実にリバウンド」「ＢＭＩ18・５未満の死亡率は２倍」「小太りが一番長生き」――ダイエットは百害あって一利なし。摂食障害が専門の精神科医が「やせ礼賛」文化を斬る！

978-4-334-04553-1

1146
教養としてのロック名曲ベスト１００

川﨑大助

現代人の基礎教養、ロック名曲１００を、これまでにない切り口で紹介・解説。著者の主観・忖度抜き、科学的な手法で得られた驚愕のランキングの1位は？　サブスク時代に最適のガイド。

978-4-334-04554-8

1147
日本のバドミントンはなぜ強くなったのか？

藤井瑞希

近年、なぜ日本のバドミントンは国際大会で目覚ましい結果を残しているのか。ロンドン五輪女子ダブルス銀メダリストの著者が自身の軌跡を振り返りながらその強さの秘密を語る。

978-4-334-04555-5